세계 제일
별난 지구 과학사전

편저 · 지구 신비 관측실

(주)학산문학사

지구는 어떤 행성?

안녕!
여러분은 지구에 대해
얼마나 알고 있어?
지구가 어떤 곳인지
내가 가르쳐 줄게.

1 삶은 달걀과 비슷해!

지구는 마치 삶은 달걀처럼 층이 나뉘어져 있어. 사람들이 서 있는 땅 표면은 '지각'이라고 불리는 얇은 껍데기야. 그 밑에는 암석으로 이루어진 '맨틀'이라는 층이 있지. 지구 중심부에는 '핵'이 있는데 금속으로 되어 있어.

2 우주의 중심이… 아니야!

마치 다른 행성들이 지구의 주위를 돌고 있는 것처럼 보이지만, 사실은 지구가 태양의 주위를 돌고 있어. 이를 태양계라고 하는데 지구는 태양에서 세 번째로 가까워. 태양계에는 여덟 개의 행성이 있고, 지구는 네 번째로 작은 행성이야.

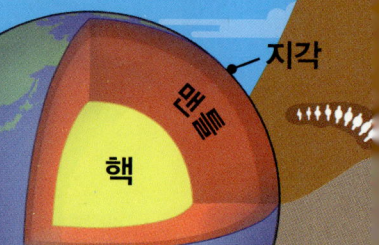

3 46억 년 전 태어났어!

약 46억 년 전, 우주의 먼지와 가스가 모여 태양이 탄생했어. 그 후, 태양 주변의 가스와 암석, 얼음 덩어리들이 합쳐져 갓난아기인 지구가 태어난 거야.

4 셀 수 없이 많은 생물이 있어!

현재 생물이 존재하는 것으로 알려진 행성은 지구뿐이야. 물이 있어서 생명이 탄생할 수 있었다고 해. 하지만 인간들은 '다른 행성에 생물이 존재하지는 않을까?' 또는 '생물이 존재했던 흔적이 있지는 않을까?'에 대해 조사하고 있어.

차례

지구는 어떤 행성? 2
이 책을 보는 방법 8

① 황당한 지구 9

먼 옛날, 지구의 하루는
고작 5시간? 12

맨 처음 생겨난 바다에서는
수영을 할 수 없었다! 14

우리가 살 수 있는 이유는
남조류 덕분이다?! 16

공룡은 너무 커서
멸종했다! 18

실수로 깜빡하고 돌이 된
생물이 있다! 20

지금 이 순간에도 인간은
바이러스를 들이마시고 있다? 22

만약 바다가
사라진다면? 24

바닷물에는 보물이
숨겨져 있다! 26

심해에서 살면
목소리가 오리처럼 된다? 28

방금 마신 물은
공룡의 오줌이었다? 30

구름은 하늘에
떠 있고 싶지 않아! 32

얼음이 왜 미끄러운지
아직도 모른다? 34

땅에서 뜨거운 물이
솟아오른다? 36

산은 부풀거나
쪼그라든다? 38

북극은
그냥 얼음덩어리라고? 40

남극에서 꽃을
선물하는 건 어렵다! 42

사막은
엄청나게 춥다! 44

거대한 풍선을 날려도
우주에는 도달할 수 없다? 46

땅을 깊이 파도
지구 반대쪽으로는 갈 수 없다! 48

가 보면 깜짝! 황당한 장소 ①
아랄해/나이아가라 폭포/태안 신두리 해안 사구 50

② 신기한 지구 — 53

| 갓 태어난 지구는 엄청 뜨거웠다! … 56
| 지구는 꽁꽁 언 눈덩이였다! … 58
| 화산은 마치 거대한 콜라 같다? … 60
| 하와이의 마그마는 찰랑찰랑하다! … 62
| 땅속에는 보석이 가득하다? … 64
| 지구는 속에도 물이 출렁출렁하다! … 66
| 지구의 표면은 매일 늘었다 줄었다 한다? … 68
| 우리는 보이지 않는 힘에 눌리고 있다! … 70
| 심해는 달보다 멀다? … 72
| 해저에도 연기가 나는 굴뚝이 있다! … 74
| 무서운 번개가 사실 정전기라고? … 76
| 서리는 천하장사처럼 힘이 세다? … 78
| 높은 산도 깎여 나간다? … 80
| 밤인데도 밝은 곳이 있다! … 82
| 일본행 비행기 표로 하와이에 갈 수 있다? … 84
| 푸른 하늘, 파란 바다는 모두 빛 때문이다! … 86
| 개성 가득한 심해어, 알고 보면 수수하다? … 88
| 바이러스는 혼자서 살 수 없다? … 90

가 보면 깜짝! 황당한 장소 ②
폼페이/버뮤다 삼각지대/배서스트만 … 92

3 엉뚱한 지구 — 95

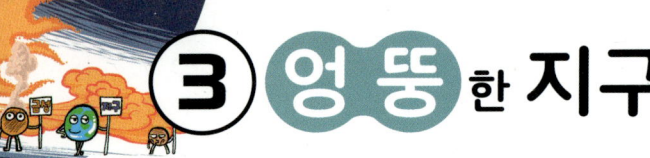

| 지구의 나이는
지구에게 물어봐도
모른다? ———— 98

| 지구에 물이 있는 것은
운이 좋았기 때문이다! ———— 100

| 남쪽 섬은 통통이가
살기 좋은 곳이다? ———— 102

| 에베레스트산에서
조개를 잡을 수 있었다? ———— 104

| 대륙은 다투고 화해하는 걸
반복하고 있다? ———— 106

| 동굴에서
죽순이 자란다? ———— 108

| 머리 위로
강이 흐른다? ———— 110

| 바람은 기분 대로
지구를 여행한다! ———— 112

| 무지개는 일곱 색깔이 아니다? ———— 114

| 똥으로 달리는 자동차가 있다! ———— 116

가 보면 깜짝! 황당한 장소 ③
나스카의 지상화/볼리비아의 스타디움/사해 ———— 118

4 위험한 지구 — 121

| 소가 내뿜는 트림과 방귀,
웃을 일이 아니다? ———— 124

| 자동차의 연료는 생물이
죽어서 생긴 화석 연료다? ———— 126

| 북극이 녹아도
해수면은 올라가지 않는다? ———— 128

| 시큼한 비가
지구를 파괴한다! ———— 130

| 엄청난 면적의 숲이
사라지고 있다! ———— 132

| 지금도 동식물의 멸종은
계속되고 있다! ———— 134

| 지구에는 마실 수 있는 물이
거의 없다! ———— 136

| 미생물이 인간의
뒤치다꺼리를 해 준다? ———— 138

| 물만 뿌려도
마그마를 막을 수 있다?! 140

| 남극은 남쪽이 아닐 때도
있다 142

| 산소를 만들어 내는 건
민폐였다?! 144

| 북반구의 태풍은
남반구에 갈 수 없다! 146

| 해일은 아주 낮게 일어도
위험하다! 148

| 지금도 운석은
꽤 많이 떨어진다! 150

가 보면 깜짝! 황당한 장소 ❹
나우루 공화국/베네치아/지옥의 문 152

⑤ 놀라운 우주  155

| 지구가 태양에
삼켜진다? 158

| 비행기로는
우주에 절대 갈 수 없다! 160

| 인간은 열심히
외계인을 찾고 있다! 162

| 우주에서는 매일매일
운동을 해야 한다? 164

| 지구가 깨지는 바람에
달이 태어났다? 166

| 지구는 서서히
멀어지고 있다! 168

| 달에서는 음료수가
엄청나게 비싸다? 170

| 지구의 1년은 365일,
달의 1년은 12일이다? 172

| 지구의 낮은 밝지만
달의 낮은 캄캄하다! 174

| 지구에서는 달의 뒷면을
볼 수 없다! 176

| 지구와 태양은
다이어트 중이다? 178

| 태양과 비슷한 별이
2,000억 개나 있다? 180

| 지구의 저녁노을은 붉고,
화성의 저녁노을은 파랗다? 182

| 아무리 작아도
우주 쓰레기는 위험하다! 184

가 보면 깜짝! 황당 장소 ❺
그룹 호수 공군기지/명왕성/목성 186

이 책을 보는 방법

① 장의 테마

장마다 테마가 있어서 해당 내용을 읽었을 때, 테마와 관련된 감정(실망이야, 깜짝이야 등)을 표현해.

② 좀 더 알고 싶어!

해당 내용과 관련된 추가 지식을 설명, 소개하고 있어.

③ 자세한 해설

해당 내용이 일어나게 된 배경이나 원인을 재미있는 일러스트와 함께 설명해.

④ 지구의 혼잣말

지구가 해당되는 내용에 대한 감상을 이야기해. 즐거운 내용도 있지만, 슬픈 내용도 있어.

황당한 지구 1

우리가 사는 기적의 행성, 지구.
하지만 자세히 들여다보면
의외로 황당해!

황당한 지구?

인간의 입장에서 보면 내가 좀 엉뚱한 구석이 있나 봐. 나름대로 최선을 다 하는데 말이야.

지금은 느긋해 졌지만….

갓 태어났을 무렵엔 나도 제법 빨리 돌았어. 지금은 많이 느긋해진 거야.

12쪽

아이코, 실수!

생물 중엔 실수로 돌이 된 생물도 있어. 돌이지만 쓸모가 있었으면 좋겠는데.

20쪽

바다가 사라진다면?

지구의 표면을
덮고 있는 바다.
만약 바다가 사라진다면
지구에서는 어떤 일이
벌어질까?

24쪽

산은 움직인다?

산은 듬직하게 제자리를
지키는 것처럼 보이지.
하지만 부풀거나 줄어들기도 해.
과연 어떨 때 그런 현상이 나타날까?

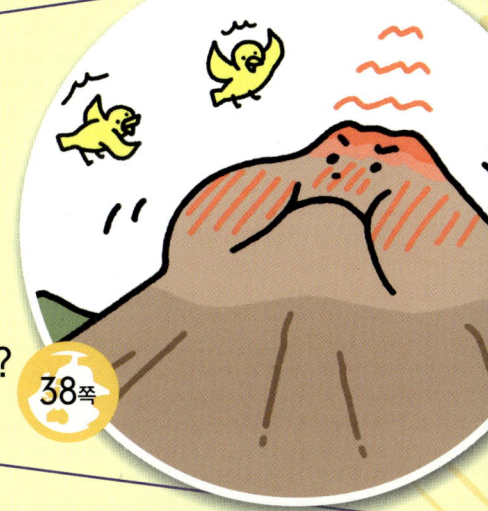

38쪽

사막에서 꽁꽁!

늘 태양이 내리쬐는 사막은
무척 더울 것 같지만,
사실 엄청나게 추울 때도 있어.
사막이라고 해서
온종일 더운 건 아니야.

44쪽

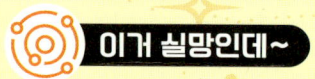 이거 실망인데~

먼 옛날, 지구의 하루는 고작

지금도 하루는 조금씩 길어지고 있다

하루는 당연히 24시간이라고 생각했지? 하지만 먼 옛날, 지구가 갓 태어났을 무렵의 하루는 고작 5시간이었어.

'하루'는 지구가 한 바퀴 도는 시간이야. 갓 태어난 지구는 지금보다 훨씬 빨리 회전했어. 오랜 세월이 흐르면서 조금씩 천천히 회전하게 되어 지금은 하루가 24시간이 된 거야. 지구의 회전이 느려지는 이유는 '달' 때문이야.

 지구의 혼잣말
@earth_talk to myself
그러고 보니 어릴 땐 엄청 성급했었지. 하지만 나도 46억 살이 되니 이젠 좀 차분해졌어.

전달 377   차분해 ♡460

5시간?

1 황당한 지구

달의 인력으로 작용하는 밀물과 썰물

'밀물'은 바닷물이 차오르는 현상이고, '썰물'은 바닷물이 빠져나가는 현상이야. 밀물과 썰물은 하루에 두 차례 일어나며, 가장 큰 원인으로는 달이 지구를 끌어당기는 힘인 인력 때문이야.

▶ 썰물 때 갯벌에서 조개잡이하는 사람들.

으아아 아아!!

그땐 나도 젊었지~

응

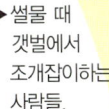

지구와 달 사이에는 서로 끌어당기는 힘인 '인력'이 있어. 그뿐만 아니라 우리가 땅에 서 있을 수 있는 것도 우리를 지구 방향으로 끌어당기는 힘이 있기 때문이야. 달은 지구 주변을 돌면서 그 인력으로 지구의 바닷물을 끌어당겨. 그때 이동하는 바닷물과 바다 밑바닥 사이에 마찰이 생겨 지구가 회전하는 걸 방해하는 거야. 지금도 사람은 느낄 수 없을 정도로 지구의 회전은 조금씩 느려지고 있어.

맨 처음 생겨난 바다에서는 수영을 할 수 없었다!

부글부글! 온탕보다 훨~씬 더 뜨거운 바다!

지구가 태어난 건 약 46억 년 전이야. 그 무렵, 작은 행성이 몇 개나 지구와 부딪쳐 지구의 표면 온도는 아주 높았어. 그리고 하늘은 수증기와 이산화 탄소, ※질소 등의 가스로 이루어진 원시 대기가 뒤덮고 있었어. 이윽고, 지구의 온도는 서서히 떨어졌고, 그때 대기 중의 수증기가 식으면서 오랫동안 큰비가 내렸어.

※질소 : 현재 지구 공기의 78%를 차지하고 있는 기체.

'원시'를 붙여 지금의 지구와 구별하기

이 그림처럼 지구에 갓 생긴 대기와 바다는 지금과는 달랐어. '시작하는 처음'이라는 의미를 가진 '원시'를 붙여 '원시 대기', '원시 해양'이라고 불러.

◀ 원시 해양 상상도

그 결과 약 40억 년 전, 원시 해양이 생겼어. 하지만 뜨거운 대기에서 물이 됐기 때문에 바다의 온도는 100~200℃로 여전히 뜨거웠지. 게다가 ※황산 등 매우 강한 산성 물질이 녹아 있는 비가 쏟아지는 바람에 생명체가 살 수 없는 바다였어.

그렇게 바다가 생길 무렵 육지도 생겼지. 육지에 포함된 칼슘 등의 알칼리성 물질이 바다에 조금씩 녹아들면서 산성인 바다를 중화시켜 지금처럼 헤엄칠 수 있는 바다가 된 거야.

※ 황산 : 유황과 산소, 수소가 결합해서 생긴 산. 강한 산성으로 피부에 닿으면 화상을 입는다.

이거 실망인데~

우리가 살 수 있는 이유는 남조류 덕분이다?!

남조류가 만들어 낸 산소 덕분에 생명체가 생겨났다!

태양계 행성 중 화성, 금성에도 공기와 비슷한 기체가 있긴 하지만, 인간이 호흡할 수 있는 공기가 있는 곳은 지구뿐이야.

약 35억 년 전, 산소를 만들어 내는 '시아노박테리아'(→144쪽)라는 남조류의 일종이 바닷속에 생겨났어.

이 무렵, 지구에는 태양의 자외선이 직접 쏟아져 내렸어. 자외선에는 ※DNA를 파괴하는 성질이 있기 때문에 생물은 지상에서 살 수 없었어. 시아노박테리아는 광합성을 해서 산소를 내뿜었고 이윽고 대기에서 산소의 농도가 높아지자 ※오존이 생겼어. 오존층이 자외선을 막는 벽이 되어 준 덕분에 지상은 안전해졌고 바닷속에서만 살던 생물이 땅에서 살 수 있게 된 계기가 된 거야.

그 후, 생물은 진화를 거듭해 지구에서 살아가고 있어. 아주 먼 옛날 태어난 남조류 덕분에 우리는 지금 이렇게 살 수 있는 거야.

※DNA : 생물의 몸이 어떻게 만들어졌는지에 대한 정보가 담긴 설계도.
※오존 : 산소가 자외선이나 번개에 의해 분해돼 생긴 물질.

지금도 볼 수 있는 태고의 생물

시아노박테리아는 시간이 흐르며 주변의 모래나 진흙과 함께 덩어리가 되어 '스트로마톨라이트'라는 화석이 되었어. 오스트레일리아 등에서는 지금도 새로운 스트로마톨라이트가 생성되고 있으며 세계 유산에도 등록되었지.

◀ 서오스트레일리아 해안에 있는 스트로마톨라이트.

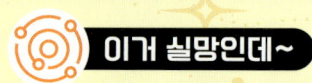 이거 실망인데~

공룡은 너무 커서 멸종했다!

지구의 혼잣말
@earth_talk to myself

전달 198   멸종 ♡915

운석이 충돌했을 때, 나도 아팠어. 공룡이 사라져서 쓸쓸했지만 그나마 생물이 전부 사라진 건 아니라 정말 다행이야. 살아남아 줘서 고마워!

먹을 게 없어!!
덩치가 너무 커도 문제….

공룡류가 멸종한 건 약 6,600만 년 전이야. 멸종된 이유에 대해서는 지금도 연구가 이어지고 있는데 가장 유력한 건 ※운석의 충돌 때문이라는 설이야.

1억 6,000만 년의 긴 세월 동안 번성했던 공룡은 천적이 없는 따뜻한 환경에서 점점 몸집이 커졌어. 하지만 지구와 운석의 충돌로 지구의 환경은 돌변하고 말았지. 운석 조각은 사방으로 튀고 흙먼지가 피어올라 태양 빛을 막았어. 햇빛이 닿지 않는 지구는 매우 추운 핵겨울 상태가 됐어. 그러자 식물은 자라지 못했고, 초식 공룡이 사라졌어. 결국 초식 공룡을 먹는 육식 공룡도 사라지고 말았지. 몸집이 클수록 많이 먹어야 하는데 먹을 것이 사라져 굶주리게 된 거야. 이러한 환경이 몇 년이나 계속되면서 공룡이 멸종된 것으로 보고 있지. 운석이 지구와 충돌하지 않았다면 공룡 시대는 지금까지 이어졌을지도 몰라.

※운석 : 우주에서 떨어진 유성으로 공기 중에 다 타지 않은 것.

생물의 멸종은 되풀이됐다

지구의 환경이 크게 몇 번이나 바뀌었기 때문에 생물의 대멸종도 몇 번이나 되풀이됐어. 100만 년 전에 살았던 인간과 가장 비슷한 영장류의 일종인 '기간토피테쿠스'도 몸집이 크지만, 먹이를 충분히 먹지 못한 탓에 멸종한 것으로 알려져 있어.

◀미국 박물관에 전시된 기간토피테쿠스 모형.

이거 실망인데~

실수로 깜빡하고 돌이 된 생물이 있다!

언젠가 공룡을 부활시킬지도? 낭만적인 타임캡슐!

[쥬라기 공원]이라는 영화를 본 적 있어? '※호박'이라는 보석 속에 갇힌 모기가 빨아들인 피에서 DNA를 추출해 현대에 공룡을 되살린다는 이야기야.

호박은 나무 ※수지가 땅에 묻혀 돌처럼 변한 거야. 나무에서 분비된 액체가 미처 굳기 전에 벌레나 식물 등이 갇혀서 굳어 버린 호박이 지금도 종종 발견되고 있어.

특히 벌레는 살아 있을 때 모습 그대로 굳어 버린 것도 많아. 덕분에 DNA가 보존되는 거야. 멸종해 버린 생물이 호박 안에서 발견되는 경우도 있어.

호박은 아름다울 뿐만 아니라 고대 연구에 매우 중요한 자료야. 현대 기술로는 아직 [쥬라기 공원]처럼 공룡을 되살릴 수는 없지만, 호박을 연구하면 먼 옛날 생물이나 지구의 환경에 대해 알 수 있지.

※호박 : 나무에서 나온 수액이 굳어 화석이 된 것.
※수지 : 소나무나 전나무 등의 나무에서 분비되는 끈끈한 액체 또는 그 액체가 굳은 것.

잠깐 낮잠 좀 잔 것뿐인데….

하아….

어라~

어떡하지?!

• 고대부터 사랑받아 온 호박 •

호박은 그 아름다움 때문에 먼 옛날부터 많은 이에게 사랑받아 왔어. 그중에서도 18세기에 지어진 러시아의 예카테리나 궁전에는 방의 장식이 모두 호박으로 된 '호박 방'이 있어. 제2차 세계 대전으로 부서졌지만, 현재는 다시 복원됐지.

◀벽은 물론 그림의 액자도 모두 호박으로 만들어졌어.

 **이거 실망인데~**

지금 이 순간에도 인간은 **바이러스를** 들이마시고 있다?

책상에도, 의자에도… 우리 주변에는 바이러스가 넘쳐나고 있다.

질병의 원인이 되는 '바이러스'.
사실 바이러스는 온갖 곳에 존재해. 바닷물 한 숟가락 분량에 무려 수천만 개 이상의 바이러스가 들어 있지.
물론 우리가 들이마시는 공기 중에도 수많은 바이러스가 존재해.
대부분의 바이러스는 혼자 그 수를 불릴 수 없어. ※기생하는 상대인 ※숙주를 죽인다면 결국 자신이 살아갈 곳도 없어지기 때문에 숙주와 평화롭게 공존하는 바이러스도 많아. 숙주에게 질병을 일으키는 바이러스는 극히 일부야.
지구상에 몇 종류의 바이러스가 있는지, 각자 어떤 영향을 끼치는지 아직 밝혀진 것이 많지 않아 계속 바이러스에 대한 연구가 진행되고 있어.

※기생 : 다른 종류의 생물에 붙어 살아가는 것.
※숙주 : 기생 생물에게 영양을 공급하는 생물.

지구의 혼잣말
@earth_talk to myself

내겐 바이러스나 동물이나 모두 다 친한 친구야. 싸우지 말고 모두 사이좋게 지냈으면 좋겠어.

전달 ⤴ **356**　　공존 ♡ **340**

• 바이러스는 살아 있지 않다 •

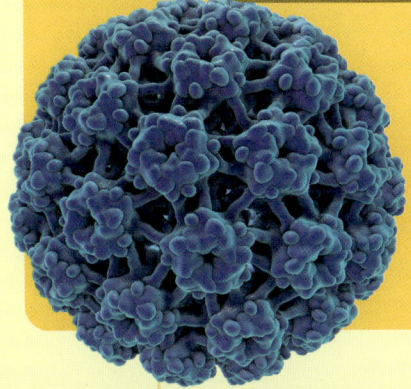

바이러스의 역사는 워낙 오래됐어. 어떤 연구자는 40억 년 전 바이러스로부터 생명이 시작되었다고 주장하기도 해. 하지만 스스로 수를 늘릴 수 없는 성질 때문에 엄밀히 말하면 바이러스는 '생물'이 아니야.

◀사마귀나 암 등의 질병을 유발하는 인유두종 바이러스.

 이거 실망인데~

만약 바다가 사라진다면?

생명이 살아갈 수 없는 지구가 된다!

바다는 지구의 70.8%를 차지해. 어마어마하게 넓은 면적이지. 만약 바다가 사라진다면 어떻게 될까?

바다는 우리에게 식량을 주기도 하지만 그보다 더 중요한 일을 해. 바로 날씨를 조절하는 일이야.

바다는 육지보다 천천히 더워지고, 천천히 식어. 그래서 여름에는 태양열을 저장하기도 하고, 증

바다가 사라졌을 때 발생하는 또 다른 문제

바다는 날씨를 조절하는 중요한 일을 하기도 하지만, 우리에게 좋은 먹거리를 제공하기도 해. 만약 바다가 사라진다면, 우리는 식량 부족 현상이 나타나게 될 거야. 그럼 생존하는 데 어려움을 겪겠지.

※ 출처 : 한국 해양수산부 참고
※ 본 내용은 우리나라에 맞춰 수정되었습니다.

발해서 수증기로 구름을 만들기도 해.
반대로 겨울에는 여름에 저장한 열을 내보내 주변을 따뜻하게 만들어 기온을 조절하지.
그런데 만약 바다가 사라지면 비가 내리지 않고, 태양열을 식혀 줄 수 없어서 지구 전체에 기상 이변이 심각하게 일어날 거야. 지구에 사막화가 진행될 테고 결국 생명이 살 수 없는 행성이 되겠지.

 이거 실망인데~

바닷물에는 보물이 숨겨져 있다!

지구의 혼잣말
@earth_talk to myself

전달 78　　나도아껴줘 ♡890

인간은 금을 참 좋아해. 그렇다면 혹시 나도 금처럼 좋아하고 아껴 줄 수 있을까? 조금만 더 소중히 대해 준다면 정말 기쁠 것 같아!

금으로 가득한 바다?!

바닷물이 짠 이유는 소금이 녹아 있기 때문이야. 바닷물에는 다양한 물질이 포함되어 있지.

강이나 땅에 내린 비가 바다에 도달할 때까지, 지나온 곳의 흙과 암석에 함유된 여러 성분이 녹아들어 있어. 그 외에도 바다 밑에 있는 화산이 분화하여 그 물질이 바닷속에 녹아들기도 해.

바닷물에는 소금 말고도 마그네슘, 칼슘 등의 미네랄, 금·은·동과 같은 금속 등 다양한 성분이 있어.

특히 금은 지금까지 인간이 지상에서 채굴한 것보다 바닷물에 훨씬 많아. 그 양이 수백만 톤이나 된다고 해.

하지만 바닷물의 양이 너무 많아서 수백만 톤의 금이 녹아 있다고 해도 그 농도는 매우 낮아. 소량의 금을 얻으려고 해도 수백만 톤의 바닷물을 걸러 내야 하지. 현재로선 효율적으로 바닷물에서 금을 채취할 방법을 찾지 못했어.

• 바다는 한없이 넓고 크다! •

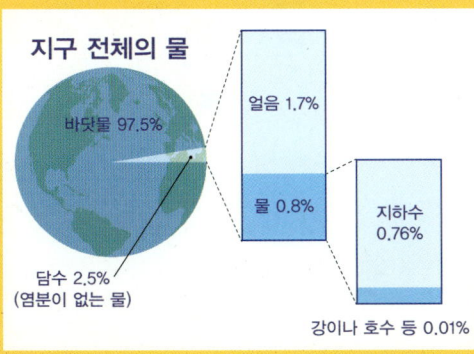

지구에 있는 물의 97.5%가 바닷물이라고 해. 무게로 치면 14조 톤의 10만 배나 되지. 너무 어마어마해서 상상할 수 없을 정도야.
그중에서 고작 몇백 톤의 금을 채취하는 게 얼마나 어려운 일인지 알겠지?

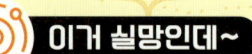 이거 실망인데~

심해에서 살면 목소리가 오리처럼 된다?

심해에서 사는 건 보통 일이 아니다!

몇십 년 전, '심해에서 인간이 생활할 수 있을까?'라는 실험이 세계 곳곳에서 이루어졌어.

우리나라에서도 수심 30~50m에서 생활할 수 있는 해저 거주 공간을 만들기 위한 연구를 하고 있지.

바닷속 공기의 성분은 지상과는 달라. 질소(→14쪽)가 혈액 속으로 녹아들면 술에 취한 것 같은 상태가 돼. 그래서 심해에서 생활하려면 질소 대신 '헬륨'이 든 공기를 마셔야 해.

맞아, 마시면 우스꽝스러운 목소리가 나오는 그 가스 말이야.

그뿐만 아니라 바닷속에 깊이 들어갈수록 몸에 아주 큰 압력이 가해져. 그래서 심해로 잠수하기 전에는 시간을 들여 몸을 적응시켜야 해. 지상으로 돌아올 때도 마찬가지지.

지구의 혼잣말
@earth_talk to myself

다양한 곳에서 살려고 시도하는 것은 아마 인간뿐일 거야. 내 곳곳을 좋아해 줘서 고마워.

전달 127　　어리광쟁이 ♡ 356

심해에서도 뭉개지지 않는 음식

인간이 심해에서 활동할 때 큰 장애물은 바로 수압이야. 수심이 1,000m가 되는 곳에서 맨몸의 인간은 납작하게 짓눌려. 그런데 그런 심해에서도 두부나 곤약은 말짱해. 왜냐하면 공기가 들어 있지 않기 때문이야. 물체의 안과 바깥의 수압이 균형을 이루면 그 형태가 뭉개지지 않아.

 이거 실망인데~

방금 마신 물은 공룡의 오줌이었다?

지구의 혼잣말
@earth_talk to myself

전달 348   순환 ♡958

다양한 생물이 살아가기 위해 물을 사용하지만 모두 다시 돌려주기 때문에 바닥나지 않고 계속 쓸 수 있는 거야. 매너를 지켜 줘서 고마워.

우리의 오줌도 미래에는 누군가 마실 물이 된다?!

물은 공기와 마찬가지로 우리가 살아가는 데 반드시 필요해. 하지만 지구에 있는 대부분의 물은 소금기가 있는 바닷물로, 우리가 마실 수 없어. 인간이 사용할 수 있는 '담수'의 양은 아주 적지.

물은 고체(얼음)·액체(물)·기체(수증기)로 모양을 바꾸면서 지구를 여행해. 많은 양의 바닷물은 증발해서 수증기로 변하고, 수증기는 상승하는 공기의 흐름을 타고 하늘로 올라가지. 그리고 높은 하늘에서 차게 식어 비나 얼음 알갱이가 돼. 이 알갱이가 뭉쳐진 게 바로 눈이야. 눈이 된 물이 땅으로 내리면 호수로 흘러가거나 땅속으로 스며들어 지하수가 되었다가 다시 바다로 흘러가.

공룡이 살았던 시대의 물의 양과 현재 물의 양이 동일한 걸로 보아, 물은 먼 옛날부터 순환되고 있어. 공룡이 물을 마시고 오줌을 싸고 그게 다시 강이나 바다로 흘러가 지금 우리가 다시 그 물을 사용하는 거야.

• 바닷물은 마시는 물로 바꿀 수 있다?! •

'담수'를 늘리기 위해 바닷물을 담수로 바꾸는 연구가 세계 각지에서 진행되고 있어. 실제로 대규모 장치를 이용해 담수화 작업을 하기도 하지만 그 과정에서 많은 이산화 탄소가 발생해. 또 남은 염분을 처리하려면 다시 바다로 염분을 내보내야 하는데 그럼 주변 바다의 염도가 높아져 바닷속 생물들에게 피해를 줘.

◀ 아랍에미리트 두바이에 있는, 해수 담수화 시설.

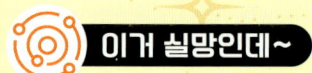

구름은 하늘에 떠 있고 싶지 않아!

사실 구름은 땅으로 내려오고 싶지만 바람의 힘 때문에 어쩔 수 없이 떠 있는 것

뭉게뭉게 하늘에 떠 있는 하얀 구름을 보면 기분이 참 좋아져. 사실 구름은 물과 작은 얼음알갱이로 이루어져 있어. 바다와 지면의 수분이 태양 빛을 받고 따뜻해지면 증발하여 수증기가 돼. 수증기가 하늘 높이 올라가면 차갑게 식어 물과 얼음 알갱이가 되고, 이 알갱이들이 모여 구름을 이루는 거야.

물과 얼음 알갱이가 떠 있을 수 있는 건 밑에서 위로 바람이 불기 때문이야. 이 바람의 흐름을 '상승 기류'라고 해.

1 황당한 지구

지구의 혼잣말
@earth_talk to myself

구름은 다양한 모양을 보여 줘서 좋아. 하늘에 둥둥 떠 있고 싶지 않더라도 우리를 위해 떠 있었으면 좋겠어.

전달 🔁 53   힘내라 ♥ 883

사실은 구름도 아래로 점점 가라앉고 있지만, 구름을 이루는 알갱이가 무척 작고, 가라앉는 속도도 1초에 1~2cm 정도로 매우 느려서 사람의 눈에는 가라앉는 게 보이지 않는 거야. 천천히 지면으로 내려가다 상승 기류에 의해 다시 위로 올라가지. 구름은 기분 좋게 하늘에 떠 있는 게 아니었어.

특이한 구름을 찾아보자

구름은 높이와 모양, 특징에 따라 분류돼. '비행기구름'이나 '양떼구름' 등 다양한 모양의 구름을 직접 찾아보는 것도 재미있어.

▲가을에 자주 볼 수 있는 조개구름(권적운).

 이거 실망인데~

얼음이 왜 미끄러운지 아직도 모른다?

아직 밝혀지지 않은 미끄러운 얼음의 비밀!

얼음 표면이 미끄러운 이유는 사실 아직 밝혀지지 않았어. 얼음 위의 얇은 물층이 있기 때문이라는 가설은 맞았지만, 그를 뒷받침하는 이유를 증명하지 못했어. 과학자들은 물층이 생기는 이유로 다음과 같은 이론들을 제시했지. 첫 번째로는 '마찰 녹음 현상'이야. 얼음이 신발과 스치면 마찰열 때문에 얼음이 녹아 물층이 생겨 미끄럽다는 거야. 하지만 마찰 없이 가만히 서 있을 때 미끄러운 이유를 설명하지 못했어. 두 번째로는 '압력 녹음 현상'이야. 얼음 위를 걸을 때 힘이 가해지면 압력으로 인해 얼음이 녹아 물층이 생겨 미끄럽다는 거지. 하지만 가벼운 물체도 얼음 위에서 미끄러지는 이유를 설명하지 못했지.

이렇듯 얼음은 우리가 주변에서 쉽게 접하는 물질이지만, 아직 왜 미끄러운지 제대로 설명되지 못하고 있어.

※ 출처 : 한국 기상청블로그 참고
※ 본 내용은 우리나라에 맞춰 수정되었습니다.

지구의 혼잣말
@earth_talk to myself

예전에 얼음 위에서 넘어진 게 떠올랐어. 다시 생각하니까 또 부끄러워~

전달 ↻ 485   숲대신나무 ♡ 525

모든 것은 작~은 알갱이로 이루어져 있다

얼음 표면에는 얇은 물 분자층이 있어. 원자는 수소, 산소, 철 등을 뜻하며 지구에는 약 110종류의 원자가 있어. 그것들이 정해진 방식으로 결합한 게 분자야. 전 세계 모든 물질을 분해하면 분자가 되고, 최종적으로는 원자가 돼.

▲물 분자(H_2O)는 수소 원자(H) 2개와 산소 원자(O) 1개가 결합해서 만들어져.

 이거 실망인데~

땅에서 뜨거운 물이 솟아오른다?

 지구의 혼잣말
@earth_talk to myself

전달 232 너무귀여워 679

온천에 몸을 담근 인간들이 기분 좋아하는 걸 보면 즐거워. 열심히 땅을 파는 모습을 보고 있자면 '그렇게도 온천에 들어가고 싶은가?' 하는 생각에 웃음이 난다니까.

온천이란 무엇일까?

온천은 땅의 열로 덥혀진 뜨거운 물이 나오는 샘이야. 펄펄 끓는 물을 떠올리겠지만, 우리나라 법률상으로는 25℃가 넘고 유해 성분이 없는 자연적인 물은 전부 온천으로 분류돼.

온천은 만들어지는 원리에 따라 화산성 온천과 비화산성 온천으로 나뉘는데, 화산성 온천은 화산 활동에 의해 화산 근처의 지하에 존재했던 물이 따듯해지는 거야. 비화산성 온천은 화산에 의해서가 아닌, 지구 내부의 뜨거운 열로 온천이 생성되는 거지. 열판 위의 주전자 물이 데워지는 과정과 비슷해. 지하 마그마의 열로 데워진 물이 지표로 올라오는 거야.

역사적 기록에 의하면 우리나라 온천은 삼국 시대부터 이용했던 것으로 전해져. 우리 조상들은 온천에서 목욕하며 질병을 치료했고, 온천에서 휴양도 하고 정세도 돌보았다고 해. 〈동의보감〉에 따르면 피부가 붓거나 짓물렀을 때, 그리고 힘줄과 뼈가 오그라들었을 때 온천욕을 하면 증상이 나아졌다고 해.

※출처 : 한국 과학기술정보통신부 참고
※본 내용은 우리나라에 맞춰 수정되었습니다.

발달한 기술 덕분에 손쉽게 온천을 즐길 수 있다

꼭 산속에 있는 온천이 아니더라도 우리는 쉽고 편하게 온천욕을 즐길 수 있어. 발전된 굴삭 기술로 인해 온천물을 끌어 올리고 데워서 사용할 수 있기 때문이야.

◀온천을 파는 공사 중.

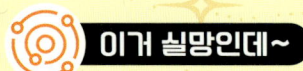 이거 실망인데~

산은 부풀거나 쪼그라든다?

지구의 혼잣말
@earth_talk to myself

전달 ⇗ 582 응원해 ♡ 889

분화하는 건 재미있지만 내가 스스로 조절할 수는 없어. 화산이 분화해서 많은 생물이 죽는 건 슬픈 일이야. 그래서 인간들이 열심히 예측해 줬으면 좋겠어.

산을 가만히 보면 분화의 징조를 알아챌 수 있다

우직하고 굳건한 사람을 지칭할 때 마치 '산' 같다고 이야기해. 하지만 사실 어떤 산은 조금씩 움직여.

화산 분화는 땅속에 있는 뜨겁고 진득진득한 마그마가 지상으로 뿜어져 나오는 거야. 분화 직전에 마그마가 지표면 가까이 올라오면 산 전체가 부풀어. 그리고 화산의 분출이 끝나면 남은 양의 마그마가 다시 땅속으로 내려가게 되고 산이 전체적으로 쪼그라들어.

최근에 과학자들은 백두산 화산 폭발 가능성에 대해 큰 관심을 쏟고 있어. 백두산에서 이상 징후가 발생했기 때문이야. 만약 백두산 화산이 폭발하면, 우리나라에도 그 피해가 어마어마할 거야.

안전을 위해 24시간 365일 관찰 중!

일본의 경우, 크고 작은 화산이 아주 많아. 그래서 종종 화산이 폭발하기도 하지. 일본의 기상청에서는 화산 폭발의 피해를 줄이기 위해 화산 근처에 감시 카메라를 설치해 실시간으로 화산을 감시하고 있어.

◀일본 반다이산의 모습(기상청 '감시 카메라 영상').

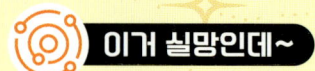 이거 실망인데~

북극은 그냥 얼음덩어리라고?

남극과 북극은 비슷한 것 같지만 전혀 다르다!

남극과 북극, 둘 다 무척이나 추운 곳이라는 건 알고 있지? 하지만 남극과 북극은 사실 아주 큰 차이점이 있어. 바로 남극은 육지이지만, 북극은 육지가 아니라는 거야. 지구본이나 세계 지도를 보면 육지가 아닌 북극은 그려져 있지 않다는 걸 알 수 있지.

남극은 대륙으로, 얼음의 두께가 2,000m 이상 되는 것도 있어. 북극은 육지가 아니라, 두께가 10m 정도 되는 얼음이 떠 있는 바다야. 이런 환경의 차이로 인해 남극이 훨씬 추워. 남극의 최저 기온은 -89.2℃를 기록한 적도 있어.

남극은 추운 데다 독립된 대륙이기 때문에 생물이 살기 어려워. 펭귄이나 바다표범 등이 서식하지만, 그 종류는 그리 많지 않아.

반면 북극은 북아메리카 대륙과 유라시아 대륙에 둘러싸여 있어서 많은 동식물이 서식하고 있어. 북극곰, 순록 등이 살고 있으며 포유동물의 수는 약 50종에 이른다고 해.

지구의 혼잣말
@earth_talk to myself

내 위에 떠 있는 얼음에 많은 동물이 살고 있어서 기뻐. 너무 추워서 아무도 놀러 오지 않을 거라고 생각했거든.

전달 137   환영해 ♡ 754

• 의외로 넓은 남극과 북극 •

지구에서 직경이 가장 넓은 '적도'를 0으로 해서 남북을 90도씩 나눈 것이 '위도'로, 지구상 한 지점을 표시하는 데 쓰여. 남북 각각 66도 33분 이상의 장소가 '남극권', '북극권'으로 보통 남극·북극이라고 할 때는 대부분 이 구역을 가리켜.

이 선보다 위가 북극권

※직경 : 원에서 중심을 지나는 직선.

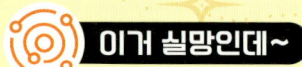 이거 실망인데~

남극에서 꽃을 선물하는 건 어렵다!

"사랑합니다!!"

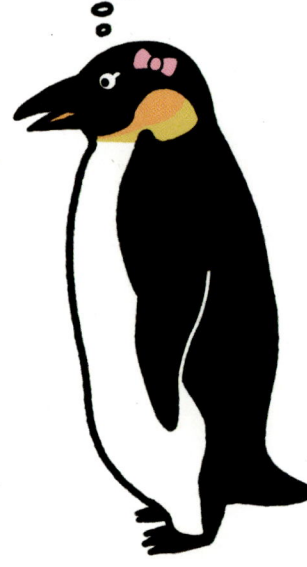

"별로야….."

지구의 혼잣말
@earth_talk to myself

전달 221   꽃대신말 ♡ 563

아름다운 꽃을 선물할 수 없다고 해서 날 원망하진 말아 줘. 대신 남극에서의 경험담은 좋은 대화 주제가 될 테니 말솜씨를 키워 보는 건 어떨까?

남극에서 살아갈 수 있는 건 선택된 몇몇 종뿐!

'남극' 하면 혹독한 추위와 사방이 온통 얼음이라는 사실이 떠오르지. 남극에 위치한 우리나라의 '세종 기지'에서 측정한 남극의 평균 기온은 여름에는 -1℃, 겨울에는 -20℃로 동식물이 살아가기에는 너무나 가혹한 환경이야. 물론 펭귄처럼 환경에 적응해 씩씩하게 사는 생물도 있지만, 그 수는 아주 적어.

기온이 낮을 뿐만 아니라 육지가 얼음으로 뒤덮여 식물이 자랄 수 있는 땅이 적고, 날씨도 건조해서 물도 부족해.

남극에 꽃을 피우는 생물이라곤 볏과의 '남극좀새풀'과 너도개미자리과의 '남극개미자리' 고작 두 종류뿐이야. 게다가 아주 수수하게 생긴 꽃이라 '남극 여행 중 현지의 꽃을 선물하며 프러포즈해야지!' 하고 계획했다면 다시 생각해 보는 게 좋을 거야.

한 번쯤은 가 보고 싶은 남극

비록 남극의 환경은 혹독하지만 그만큼 압도당할 만한 매력적인 풍경을 가지고 있어. 하지만 기후 위기로 인해 남극의 빙하가 엄청나게 녹아내리고 있지. 더 이상 남극의 아름다운 풍경을 보지 못할지도 몰라.

◀남극 대륙과 빙산.

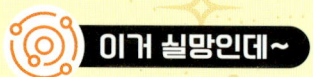 이거 실망인데~

사막은 엄청나게 춥다!

지구의 혼잣말
@earth_talk to myself

전달 217 무모한도전 ♥ 343

인간은 더운 것도, 추운 것도 싫어하면서 모험하는 걸 좋아한단 말이야. 그런 모습이 인간답다는 생각도 들어.

겨울에 사막 여행을 할 때, 긴팔 옷을 챙기는 게 필수!

대부분 사막은 1년 내내 건조하고 더울 거라고 생각하지. 여름 한낮에는 기본 40℃ 정도이며, 심지어 58℃까지 올라간 기록도 있어. 하지만 이집트는 겨울에도 평균 최고 기온이 20℃ 정도이며 최저 기온은 10℃를 밑도는 날도 있고 장소에 따라서는 영하로 떨어지는 곳도 있지.

낮과 밤의 기온 차이가 심한 것은 사막의 특징이기도 해. 이것은 '복사 냉각'이라는 현상이 일어나기 때문이야. 낮에는 태양열이 지면을 데우고, 밤이 되면 데워졌던 열이 공기 중으로 방출되어 기온이 떨어지는 현상이야.

복사 냉각은 어디서나 일어나지만 특히 건조한 사막에서 잘 일어나. 만약 구름이 있다면 방출되는 열을 막을 테지만, 사막에는 구름이 거의 없어. 그래서 방출된 열은 차단되지 않은 채 우주로 나가서 사막의 기온이 떨어지는 거야.

어라?! 사막에 눈이 온다고?!

2017년부터 거의 매년 사하라 사막에 눈이 내렸다는 놀라운 사실! 공식적으로 사하라 사막에 처음 눈이 내린 건 1979년이라고 해. 이같은 현상이 나타나는 건 지구 온난화에 의한 기후 변화 때문이야.

◀ 눈이 쌓인 사하라 사막.

이거 실망인데~

거대한 풍선을 날려도 우주에는 도달할 수 없다?

풍선 속 가스만이라도… 우주여행, 잘 다녀와!

놀이공원에서 둥둥 떠 있는 풍선을 본 적 있어? 풍선이 뜨는 이유는 공기보다 가벼운 기체인 '헬륨'이 들어 있기 때문이야. 줄을 놓으면 풍선은 하늘 높이 날아가 버려. 그대로 우주까지 날아갈 것 같지만, 아쉽게도 그렇진 않아. 하늘 높이 올라가다 보면 기온이 점점 떨어져 -30℃가 되는 지점, 즉 지상 8km 지점에서 풍선의 고무가 얼어서 팡! 터지고 말거든.

가장 높이 날아간 풍선은 2002년 ※일본 우주항공 연구개발 기구가 만든 것으로 상공 53km까지 도달했어. 잘 터지지 않도록 고무가 아닌 얇은 폴리에틸렌으로 만든 풍선으로, 지름은 약 54m야. 일반적으로 상공 100km 이상을 우주라고 부르니 이 정도로는 우주에 도달했다고 보기 어려워. 하지만 풍선은 터져도 안에 든 헬륨 가스는 상공으로 계속 올라가 우주여행을 할 수 있지.

※일본 우주항공 연구개발 기구 : 일본의 우주 개발 정책을 담당하는 기관.
Japan Aerospace eXploration Agency, 약자로 JAXA라고 지칭한다.

풍선을 타고 우주에 갈 수 있을까?

지구의 혼잣말
@earth_talk to myself
나도 풍선을 주렁주렁 달고 우주를 떠돌고 싶어. 인간이 열심히 노력하면 가능하지 않을까?
전달 428   나도여행가 ♡ 797

• 둥실둥실 나는 것도 편하진 않다 •

고무풍선이 올라갈 수 있는 한계인 상공 8km는 어디까지나 계산상의 수치야. 날면서 조금씩 가스가 빠지거나 구름과 부딪히면서 물방울이 묻으면 무거워지기 때문에 실제로 풍선이 상공 8km까지 다다르는 경우는 거의 없어.

 이거 실망인데~

땅을 깊이 파도 지구 반대쪽으로는 갈 수 없다!

뜨거운 지구 중심에서 움직일 수 없게 된다?!

'땅을 계속 파면 지구 반대편으로 갈 수 있지 않을까?' 하고 생각해 본 적 없어? 지구는 안쪽으로 갈수록 온도가 높아져. 지구의 중심부는 5,000~6,000℃ 정도야. 이런 고온에 버틸 수 있는 물질은 지금으로선 지구상에 존재하지 않아.

그래서 아쉽지만 지구의 가운데를 곧장 통과하는 땅속 터널을 만들 수는 없어. 설령 터널이 만들어진다 해도 지구 반대쪽으로 나올 수는 없어. 지구에는 모든 사물을 중심으로 끌어당기는 '중력'이란 힘이 있거든. 그래서 지구 중심까지 속력이 빨라지다 중심을 지나면 중력과 반대되는 방향이 되어 속도가 줄어들고 말지. 그리고 중심을 빠져나오려는 힘과 중력이 맞붙어 그네처럼 왔다 갔다 하다가 그 움직임은 점점 작아져 결국 지구 중심에서 멈추게 될 거야.

한국에서 소리치면 어떤 나라에 도달할까?

만약 서울에 땅굴을 파서 소리가 반대편에 다다른다고 가정한다면 그 도착지는 아르헨티나일 거야. '서울의 반대쪽'을 계산하면 남아메리카의 아르헨티나이기 때문이지. 비행기를 타고 최소 30시간 이상 가야 하며, 2번 이상 경유해야 도달할 수 있는 먼 거리야.

※출처 : 네이버 지식백과 참고 ※본 내용은 우리나라에 맞춰 수정되었습니다.

1 황당한 지구

황당한 장소 1
가 보면 깜짝!

아랄해

거대한 호수가 순식간에 사막으로…

아랄해는 카자흐스탄과 우즈베키스탄 사이에 걸쳐 있는 거대한 호수야. 세계에서 네 번째로 면적이 큰 호수였으나 지난 50년 사이, 면적이 10분의 1로 줄어들고 말았어.

아랄해가 작아진 원인은 목화를 생산하기 위해 목화밭을 만들었기 때문이야. 목화는 많은 물을 필요로 하는 작물로 목화를 생산하기 위해 100여 개가 넘는 댐이 세워졌고, 강물이 과도하게 사용됐어. 그 결과, 아랄해는 눈 깜짝할 사이에 말라 버렸지. 물이 마르는 속도가 너무 빨라 오도가도 못 하게 된 배들이 여기저기 널려 있어. 이 일을 가리켜 '20세기 최대 환경 파괴'라고도 불러.

아랄해를 부활시키려는 움직임도 있지만 오랜 시간과 큰 자금이 들고 주변 나라들의 의견이 서로 엇갈려 제대로 진행되지 않고 있어.

나이아가라 폭포

힘이 너무 센 것도 문제?

캐나다와 미국의 국경을 따라 흐르는 나이아가라 폭포는 이구아수 폭포, 빅토리아 폭포와 나란히 세계 3대 폭포로 꼽히는 유명한 곳이야. 나이아가라 폭포는 약 1만 년 전에 생겼는데 그때는 지금보다 무려 11km나 하류에 있었다고 해. 강의 작용으로 지면이 깎여 폭포가 조금씩 상류로 이동한 거지.

매년 약 1m씩 이동하기 때문에 1950년대부터 이를 막기 위한 공사를 시작했어. 다행히 폭포가 상류로 밀리는 현상은 막았지만 지금도 1년에 3cm 정도 이동하고 있지.

이대로 계속 이동한다면 약 2만 5천 년 후에는 상류에 있는 호수에 삼켜져 나이아가라 폭포는 사라지고 말 거야.

황당한 장소 1 — 가 보면 깜짝!

태안 신두리 해안 사구

우리나라에도 사구가 있다고?

우아! 진짜 사막 같잖아?

'해안 사구'란 해안을 따라 발달한 모래 언덕이야. 바닷바람을 타고 해안가로 쏠려 온 모래가 켜켜이 쌓여서 형성된 거야. 마치 작은 사막을 연상하게 하지만, 사막과는 달라. 사막은 비가 거의 내리지 않아 식물이 자라지 않는 곳이거든.

반면 해안 사구는 모래가 끊임없이 움직이면서 다양하고 특이한 생태 환경을 만들어. 그래서 사구에는 멸종 위기의 동식물이 많이 살고 있지.

그런데 우리나라에도 해안 사구가 있다는 거 알고 있어? 충남 태안에 있는 '태안 신두리 해안 사구'는 길이 약 3.4km, 너비 약 500m~1.3km로 북쪽 지역 일부가 천연기념물로 지정되어 있어. 관광지로도 많은 이에게 큰 인기를 끌고 있지.

※ 출처 : 한국 과학기술정보통신부, 한국관광공사(대한민국 구석구석 사이트)
※ 본 내용은 우리나라에 맞춰 수정되었습니다.

신기한 지구

2

우리 주변의 사소한 일부터
어마어마한 현상까지!
지구의 놀라운
과학 현상을 알아보자!

신기한 지구?

앞쪽에서는 실망스러운 모습을 많이 보여 줬지, 뭐야. 하지만 그런 엉뚱한 면만 있는 건 아니라고~

지구는 눈덩이였다?!

지금은 '물의 행성'이라고 불리지만 사실은 꽁꽁 얼어붙었던 적도 있어. 지금의 하와이 부근도 과거에는 새하얀 눈에 덮여 있었다니, 믿어져?

58쪽

땅바닥은 매일 늘었다 줄었다 한다!

바다가 밀려갔다 밀려오는 것처럼 땅바닥도 매일 움직여.

68쪽

심해는 달보다 멀다?

우주에 가는 건 어렵지만, 심해에 가는 건 더 어려워. 아직 밝혀지지 않은 사실이 너무 많거든.

72쪽

번개는 알고 보면 정전기?

쿠르릉, 콰쾅! 무서운 번개와 찌릿찌릿~ 정전기는 사실 같은 거야.

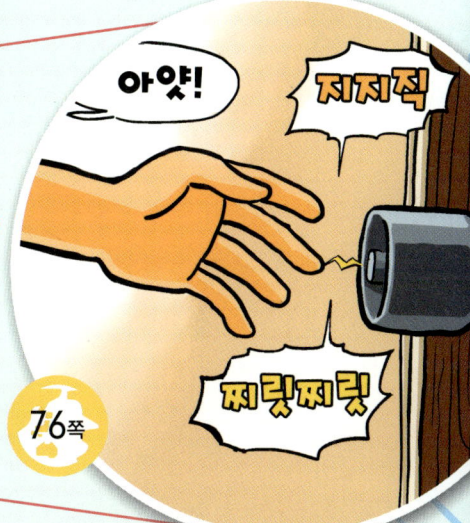

76쪽

밤에도 환한 곳이 있다?!

다들 밤은 캄캄하다고 생각하겠지만, 지구에는 밤에도 태양이 지지 않는 신기한 곳이 있어.

82쪽

앗, 깜짝이야!

갓 태어난 지구는 엄청 뜨거웠다!

지구는 불덩이였다!

우리가 사는 지구는 어떻게 생겼을까?

지금으로부터 약 46억 년 전, 우주의 가스와 먼지, 암석 덩어리가 서로 부딪치면서 뭉쳐졌어.
그 결과, 작은 원시 지구가 탄생했어.
그 이후 암석 덩어리들은 더욱 빠른 속도로 지구에 부딪혔어. 그 충돌로 인해 엄청난 열이 발생했고, 열 때문에 암석이 녹아내리자

2 신기한 지구

지구와 달걀은 닮았다?!

달걀은 껍데기, 흰자, 노른자로 이루어져 있는데 지구는 달걀을 닮았어. 지각, 맨틀, 핵(외핵, 내핵)으로 이루어져 있지. 달걀 노른자에 해당하는 핵은 철과 니켈 성분으로 무거워 나머지 마그마의 바닷속에서 중심으로 가라앉았어. 핵 바로 바깥에는 암석으로 된 맨틀이 있고, 그 바깥에는 맨틀에서 뿜어져 나온 용암이 굳어져 지각이 됐어.

지구는 온통 뜨거운 마그마로 뒤덮이게 되었지.

아직 어떻게 지구에 바다가 생겼는지 확실히 알려지지 않았지만, 여러 개의 학설 중, 물기가 많은 소행성이 지구와 충돌한 뒤 지구에 물이 흡수되었다는 학설과 원시 지구 내부에 포함되어 있던 수증기와 가스가 화산 활동을 통해 지표면으로 빠져나왔고, 이것이 구름을 형성해 비가 내려 바다가 되었다는 학설이 가장 유력하다고 해.

지구의 혼잣말
@earth_talk to myself

잘 기억은 안 나지만 여러 개의 행성들과 부딪치다 보니 화가 나서 뜨거워졌던 것 같기도 해.

전달 134   으악!열받아 ♡73

지구는 꽁꽁 언

새하얀 지구에서 무슨 일이 일어났을까?

오늘날 우리는 따뜻한 지구에서 살고 있지만, 지구가 꽁꽁 얼었던 시기도 있었어.

바로 '눈덩이 지구 빙하 시대'라고 불리던 시기야.

이때는 적도 지방까지 빙하로 뒤덮였었지. 태양에 가까워서 아주 더운 지역인 적도까지 얼었다니, 정말 놀랍지 않아?

눈덩이였다!

2 신기한 지구

이렇게 지구 전체가 얼어붙었던 빙하 시대는 총 세 번이 있었어. 첫 번째는 약 22억 년 전, 두 번째는 7억 년 전, 마지막은 6억 5000만 년 전이야. 이 시기 이후에는 공기 중의 산소가 엄청나게 늘고, 현대의 생물들과 비슷한 생물들이 출현했어.

이러한 시기적 배경은 영화나 소설에서도 자주 등장해.

아쉽지만 지구가 꽁꽁 얼어붙은 자세한 원인은 아직 밝혀지지 않았다고 해.

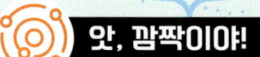 **앗, 깜짝이야!**

화산은 마치 거대한 콜라 같다?

마그마는 지구 깊은 곳에서 밀려 나온다

'분화'는 땅속 깊은 곳의 ※맨틀이 녹아서 생긴 마그마가 지상으로 뿜어져 나오는 현상을 말해. 그때 함께 튀어나온 암석이나 재가 쌓여 생긴 산이 '화산'이야.

진득한 액체인 마그마는 주위의 암석보다 가벼워서 암석에 틈이 생기면 맨틀에서부터 서서히 올라와 지하에 고이곤 해. 이런 '마그마 웅덩이'가 생기면 화산 폭발이 일어날 확률이 높아. 왜냐하면 마그마 웅덩이는 위로 솟아오르려는 성질이 매우 강하기 때문이야.

화산이 분출할 때 나오는 기체를 '화산 가스'라고 하는데 이 화산 가스는 마그마가 쉽게 분출될 수 있게 도와줘.

콜라 병을 흔든 뒤 뚜껑을 열면 콜라에 들어 있던 탄산 가스(이산화 탄소)가 밖으로 빠져나오면서 거품이 솟구치는 것과 같은 원리지.

※맨틀 : 지각 밑에 있는, 암석으로 이루어진 층. 지구 내부의 열기로 데워져 아주 천천히 움직인다.

탄산 가스의 정체는 이산화 탄소

▲화산처럼 폭발하는 탄산수.

탄산수는 물에 이산화 탄소를 녹인 거야. 톡 쏘는 청량감을 주기 위해 압력을 가해 많은 이산화 탄소를 녹여서 넣었지. 그래서 탄산수가 담긴 병을 흔들면 물에 녹아 있던 이산화 탄소가 급격하게 다시 기체로 돌아가기 때문에 병뚜껑을 열었을 때 탄산수가 뿜어져 나오는 거야.

앗, 깜짝이야!

하와이의 마그마는 찰랑찰랑하다!

**찰랑찰랑, 진득진득? 점도의 차이는
마그마가 생긴 장소의 깊이에 따라 다르다!**

땅속에 있던 마그마는 땅 위로 뿜어져 나오면서 품고 있던 화산 가스를 내보내면서 용암이라고 불려. 따라서 마그마와 용암은 서로 성분이 달라. 쉽게 얘기해 마그마가 '콜라'라면 용암은 '김 빠진 콜라'인 거야. 하와이에서는 찰랑찰랑 흐르는 용암을 가까이에서 볼 수 있어. 왜냐하면 분화의 위험이 적기 때문이야. ※규소의 양에 따라 용암의 점도가 달라지는데, 규소가 적을수록 찰랑찰랑 물처럼 흐르고, 규소가 많을수록 끈끈하며 폭발성이 높아져. 용암이 되는 마그마는 지하 깊은 곳에서 만들어지는데 하와이의 마그마는 지구의 중심에 가까운 '맨틀'에서 만들어진 것이 많고, 끈끈하고 폭발성이 있는 일본의 마그마는 지구 표면에 가까운 '지각'에서 만들어진 것이 많아. 그리고 지각은 맨틀보다 훨씬 많은 규소를 가지고 있어. 때문에 화산이 생긴 장소의 차이가 용암의 점도를 결정해.

※규소 : 지구 지각에 가장 많이 함유되어 있는 물질. 벼, 대나무나 손톱, 털 등에도 포함되어 있다.

찰랑찰랑?

찰랑찰랑 흐르네….

지구의 혼잣말
@earth_talk to myself

인간에겐 찰랑찰랑한 마그마가 더 안전하겠지? 사실 난 큰 폭발도 좋은데.

전달 ⬆ 221   찰랑찰랑 ♡ 387

• 마그마의 점도가 다르면 산의 모양도 다르다 •

세계의 화산 모양을 살펴보면 어떤 화산은 경사가 완만하고, 어떤 화산은 경사가 급해. 그 이유는 용암의 점도 때문이야. 끈적거리는 용암은 잘 흐르지 못해 경사가 급한 화산을 만들고, 끈적거리지 않는 용암은 넓게 펴져서 경사가 완만한 화산을 만드는 거야.

위 : 완만한 경사의 마우나로아산(하와이).
아래 : 급한 경사의 쇼와신산(일본).

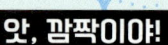

땅속에는 보석이 가득하다?

초록빛 보석이 반짝이는 지구의 내부

지구는 달걀과 비슷한 구조를 가지고 있어. 우리가 사는 곳은 '지각'이라고 부르며 달걀 껍데기에 해당돼. 지구의 중심에는 달걀 노른자에 해당되는 '핵'이 있지. 그리고 지구 부피의 80% 이상을 차지하는 부분인 '맨틀'은 달걀 흰자에 해당돼.

맨틀은 '감람암'이라는 암석으로 되어 있어. 감람암은 주로 '감람석'이라는 돌로 이루어져 있는데 감람석에 마그네슘이 섞이면 '페리도트'라는 초록색 보석이 돼. 한밤중 달빛 아래에서 보면 초록색이 더 선명하게 보여서 훨씬 아름답지.

맨틀의 두께는 2,900km나 되는데, 여기에서는 감람석뿐만 아니라 석류석(가닛)도 발견할 수 있어.

어때? 보석 위에서 살고 있다니, 정말 멋지지 않아?

지구의 혼잣말
@earth_talk to myself

나의 매력을 찾기 위해 땅속 깊이까지 연구하다니, 이거 좀 쑥스러운데?

전달 780　　부끄러워잉 970

보석은 지구의 선물

지구에서 가장 단단하고 아름다운 보석으로 알려진 '다이아몬드'도 맨틀 깊은 곳에서 생성돼. 이렇게 만들어진 다이아몬드는 킴벌라이트라는 광물에 함유되어 마그마와 함께 땅 위로 분출되는 거야.

◀ 킴벌라이트에 함유된 다이아몬드.

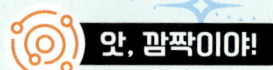 앗, 깜짝이야!

지구는 속에도 물이 출렁출렁하다!

지구의 혼잣말
@earth_talk to myself

전달 967   닮은꼴 ♡ 732

인간의 몸속에도 물이 많이 들어 있다면서? 나와 비슷한 것 같아서 왠지 친근하게 느껴져~ 뭐? 우리가 닮았다고 생각하는 건 내 착각이라고? 너무해!

바닷속에 더 큰 바다가 있다!

지구는 '물의 행성'이라고도 불려.
생명이 탄생하고 우리가 지금 지구에 살고 있는 것도 다 물 덕분이야.
그럼 지구 전체의 물의 양은 얼마나 될까? 바다는 지구 표면의 3분의 2를 덮고 있어. 그런데 과학자들은 땅속 깊숙한 곳에 지구 표면 바닷물의 3배가 되는 물이 축적되어 있다고 주장해.
지구 겉부분을 둘러싸는, 두께 100km 안팎의 암석을 '판(플레이트)'이라고 하는데 판은 조금씩 이동하지.
그런데 판과 판이 서로 충돌하는 경우도 있는데, 이때 ※해양판과 ※대륙판이 충돌할 경우, 상대적으로 무거운 해양판이 가벼운 대륙판 밑으로 밀려 들어가면서 바닷물이 지각 아래로 끌려 들어간다고 주장하고 있어.

※해양판 : 지구 겉 부분을 둘러싸는 십여 개의 거대한 암석 판 가운데 해양 지각을 포함하는 판.
※대륙판 : 지구 겉 부분을 둘러싸는 십여 개의 거대한 암석 판 가운데 육지를 포함하는 판.

• **세상에서 가장 깊은 바다의 깊이는 11,034m!** •

★ ── 마리아나 해구

'해구'는 '바닷속에 있는 골짜기'라는 뜻이야. 마리아나 해구는 지상에서 가장 수심이 깊은 곳으로, 태평양판이 필리핀판과 부딪쳐 태평양판이 밑으로 들어가면서 만들어졌어.

◀태평양 서부 마리아나 제도의 동쪽에 있는 마리아나 해구.

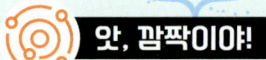 **앗, 깜짝이야!**

지구의 표면은 매일 늘었다 줄었다 한다?

지구의 혼잣말
@earth_talk to myself

전달 314   어리광쟁이 ♡ 617

나도 모르는 사이 제법 달에게 끌려다니고 있었네. 달은 귀엽긴 하지만 어리광이 심해서 피곤해.

지구는 거대한 트램펄린

바다에는 해수면이 높아져 바닷물이 육지 쪽으로 밀려오는 '밀물' 현상과 해수면이 낮아져 바닷물이 바다 쪽으로 빠지는 '썰물' 현상이 나타나.

이러한 현상은 주로 지구와 달 사이에 존재하는 두 가지 힘인 ※인력과 ※원심력 때문이야.

달 쪽으로 향한 지구의 표면은 달의 인력 때문에 밀물 현상이 나타나고, 달의 반대편에 있는 지구의 표면은 지구의 원심력이 작용해서 밀물 현상이 나타나는 거야. 이렇게 양쪽으로 바닷물이 당겨지면 그 사이에 있는 부분에는 썰물 현상이 나타나지.

놀랍게도 지표면도 이와 마찬가지로 달 때문에 늘었다 줄었다 해. 마치 트램펄린처럼 하루에 몇십 센티미터나 위아래로 움직이지. 우리는 느끼지 못했지만 발밑의 땅이 움직이다니, 정말 신기하지?

※인력: 떨어져 있는 물체끼리 서로 끌어당기는 힘.
※원심력: 원운동을 하는 물체가 원의 바깥으로 나아가려는 힘.

• 태양도 지구를 끌어당기고 있다 •

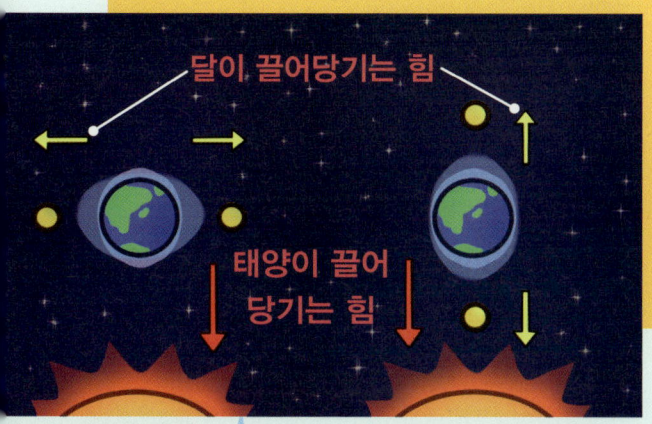

태양은 지구와의 거리가 멀기 때문에 달만큼 지구에 영향을 주지는 않지만, 마찬가지로 지구를 끌어당기고 있어. 달, 지구, 태양이 나란히 늘어서는 초하루(매달 첫째 날)와 보름(음력으로 그 달의 열닷새째 되는 날)에는 끌어당기는 힘이 두 배로 작용하기 때문에 ※조수간만의 차이가 커져.

※조수간만의 차이: 하루 중 해수면이 가장 높을 때와 낮을 때의 차이.

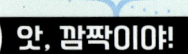 **앗, 깜짝이야!**

우리는 보이지 않는 힘에 눌리고 있다!

우리를 짓누르는 공기의 힘

눈에 보이진 않지만 사실은 공기에도 무게가 있어. 공기의 무게가 사물을 누르는 힘을 '기압'이라고 해. 이 힘은 지구 표면에도 작용해서 공기의 흐름이나 온도에 의해 기압이 커지거나 작아지곤 해.

우리가 일기예보에서 자주 듣는 단어인 '고기압'은 공기가 모여들어 주위보다 기압이 높은 곳이야. 바람은 기압이 높은 쪽에서 낮은 쪽으로 불어. 그래서 고기압일 때 바람은 주변으로 흘러 나가서 구름이 사라지고 맑은 날씨일 경우가 많아.

반대로 '저기압'은 공기가 흩어져 주위보다 기압이 낮은 곳이야. 태양열에 의해서 데워진 지표면 근처의 공기가 상승해서 저기압인 곳은 구름이 생기는 경우가 많아.

무거워…!

지구의 혼잣말
@earth_talk to myself

기압뿐만 아니라 중력, 원심력 등 보이지 않는 힘이 아주 많아.

전달 🔄 128   나힘세지? ♡ 213

• 기압의 단위는 '헥토파스칼(hPa)' •

우리가 평소 생활할 때 우리를 누르는 공기의 힘은 '1기압'으로 1,013hPa이라고 표기해. '고기압'과 '저기압'은 1기압보다 낮거나 높은 게 아니라, 측정하려는 곳이 주변의 기압보다 높으면 고기압, 낮으면 저기압이야.

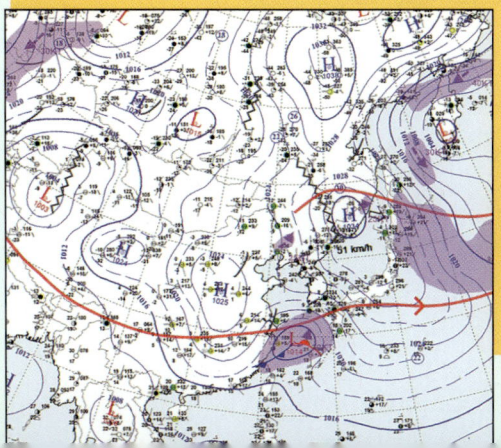

◀ 우리나라 일기도(출처:기상청 날씨누리).

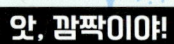 앗, 깜짝이야!

심해는 달보다 멀다?

바다 밑에는 아직 우리가 보지 못한 세계가 펼쳐져 있다

우주는 멀고 먼 미지의 곳이라고 생각되지만, 사실 우리가 친근하게 느끼는 바다도 우주만큼 아직 알려지지 않은 미지의 세계야. 지구에서 가장 깊은 곳은 태평양의 마리아나 해구(→67쪽)에 있는 '챌린저 해연'이라는 곳으로 그 깊이가 약 10,920m나 돼. 이곳에 다다른 사람의 수 또한 무척이나 적지.

• 우주에 심해까지 정복한 첫 여성 우주인! •

1984년 캐서린 설리반은 여성으로서 처음으로 국제우주정거장 밖으로 나가 우주 유영에 성공했어. 지난 2020년 6월에는 지구상에서 가장 깊은 심해인 챌린저 해연에 도달하기도 했지.

▲우주선 창문을 통해 지구를 바라보는 캐서린 설리반.

물에 들어가면 땅에서보다 움직이기가 힘들어.
이렇게 우리에게 작용하는 물의 힘을 '수압'이라고 해.
수압은 깊어질수록 강해지는데 10m당 1기압씩 증가하므로 1,000m 깊이에 이르면 1㎠당 100kg이라는 엄청난 힘을 받아. 그런 힘을 견딜 수 있는 잠수함을 만들려면 상당한 기술이 필요해.
이런 이유로 심해는 '우주보다도 가기 어렵다.'고 이야기하지.

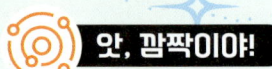 **앗, 깜짝이야!**

해저에도 연기가 나는 굴뚝이 있다!

지구의 혼잣말
@earth_talk to myself
전달 201 기발해 821

바닷속에 있으니까 인간들에게는 낯설어 보일지도 모르겠다. 그나저나 이걸 굴뚝이라고 생각하다니, 정말 기발해.

검은 연기를 뿜어내는 바닷속의 굴뚝

지구의 겉 부분을 둘러싸는, 거대한 판은 지구의 표면을 천천히 이동해. ※해령에서는 마그마가 뿜어져 나오면서 새로운 해양 지각이 만들어져. 이렇게 만들어진 해양 지각은 맨틀이 움직이면서 해령에서 서서히 멀어져. 컨베이어 벨트를 떠올리면 이해하기 더 쉬울 거야. 바닷속에도 마그마가 존재해. 해령의 골짜기 부근의 마그마는 해양 지각을 조금씩 뚫고 나오면서 ※침니라는 구멍을 만들어 가는데, 이 구멍을 열수구라고 불러. 바닷물과 마그마는 열수구를 통해 서로 만나며 바닷물은 마그마를 지각 아래로, 마그마는 지각 위로 빠져나오기 위해 서로를 밀어내. 하지만 마그마의 뜨거운 열기로 인해 바닷물은 뜨거워지고, 300℃ 이상 되는 산성의 물이 열수구에서 내뿜어져. 이때 아연, 납, 철 등의 금속이 바닷물과 섞이면서 뿜어져 나오는 모습이 마치 검은 연기를 내뿜는 굴뚝과 흡사하여 블랙스모커라고 불려.

※해령: 새로운 플레이트가 만들어지는 장소. 반대로 플레이트가 가라앉은 장소는 해구라고 한다.
※침니: 가파르고 좁은, 굴뚝 모양의 틈.

갓 태어났을 무렵의 지구를 알 수 있다?!

살아가는 데 산소를 필요로 하지 않는 블랙스모커 주변의 생물들은 산소가 생기기 전 지구의 생물과 유사할 것으로 추정되어 연구가 진행되고 있어.

◀뿜어져 나오는 블랙스모커와 그 주위에서 사는 '튜브웜'이라는 생물.

 앗, 깜짝이야!

무서운 번개가 사실 정전기라고?

지구의 혼잣말
@earth_talk to myself

가끔 머리가 쭈뼛 서는 게 번개 때문이었구나. 그런데 번개와 정전기가 친구라고? 정말 놀라운데?

전달 258   찌릿해 679

동짓날 천둥이 울리면 눈이 많이 온다

번개와 관련된 속담으로, 혹시 들어 본 적이 있어? 그런데 왜 뜬금 없이 동짓날에 천둥이 울리면 눈이 많이 온다고 하는 걸까? 천둥과 번개를 동반한 비는 대륙성 고기압이 강하면 발생하는 자연 현상으로 겨울철 동짓날에 천둥이 울리면 눈이 많이 올 가능성이 높아 생긴 속담이야.

※출처 : 시선뉴스 참고   ※본 내용은 우리나라에 맞춰 수정되었습니다.

따끔한 정전기, 사실은 엄청난 에너지!

바다나 지면에서 태양 빛에 의해 증발한 수증기가 하늘 위에서 차갑게 식어 다시 알갱이가 되면 구름이 생겨.

이 알갱이들이 서로 부딪쳐 그 마찰로 정전기가 발생해. 정전기는 구름 안에 조금씩 쌓이다가 한계치에 다다르면 지면을 향해 한번에 튀어나와. 이것이 바로 '번개'야.

한 번 치는 번개는 100와트(W)짜리 전구 42,000개를 여덟 시간 동안 켤 수 있는 어마어마한 에너지를 가지고 있어.

소리의 속도는 빛의 속도보다 느리기 때문에, 우리는 번개의 불꽃을 먼저 본 다음 천둥소리를 듣게 되는 거야.

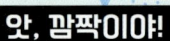

서리는 천하장사처럼 힘이 세다?

신비하고 놀라운 '물의 성질'

서리는 추운 겨울, 대기 중의 수증기가 땅이나 풀, 나무 같은 곳에 달라붙어 생기는 얼음 결정이야. 어는점은 물질의 종류에 따라 다르지만, 순수한 물의 경우는 0℃에서 얼어.

물은 얼면 부피가 커지는 성질이 있어. 물이 얼 때 입자들이 육각형 형태를 이루면서 위치하는데, 이때 육각형 사이에 공간이 생겨 부피가 늘어나기 때문이야.

땅속에 있는 수분도 얼면 부피가 커지면서 흙을 들어올려. 그래서 땅이 봉긋 솟아오르는 거지. 이러한 현상이 반복되면 콘크리트 도로에도 금이 갈 수 있어.

자연의 힘은 대단하지만 위험해!

우리나라는 사계절로 이루어진 만큼 시시각각 온도가 변하곤 해. 아스팔트는 온도에 예민해서 너무 더운 여름이나 추운 겨울, 날씨의 영향을 받아 파손되지. 이를 방지하기 위한 새로운 기술이 계속 개발되고 있어.

▲벗겨진 도로의 아스팔트.

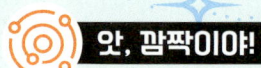 앗, 깜짝이야!

높은 산도 깎여 나간다?

지구의 혼잣말
@earth_talk to myself

전달 156   힘들어 ♡ 362

나이를 먹으면 피부 관리가 힘들어. 그냥 내버려 두면 금세 까칠까칠해지거든. 너희는 어려서 아직 모르겠지만.

에베레스트산도 깎아 내는 놀라운 자연의 힘!

지표면의 암석은 바람이나 비, 태양 빛 등에 의해 조금씩 부서지거나 깎여 나가.

러시아 서부, 유럽과 아시아의 경계를 따라 남북으로 이어진 우랄산맥은 지구 상에 존재하는 가장 오래된 산맥 가운데 하나야. 우랄산맥에는 금이나 백금 등의 광물 자원이 풍부해. 오랜 세월 동안 비와 바람에 산의 표면이 깎이자 지하에 있던 광물이 지표면에 드러나게 된 거야.

세계에서 가장 높은 에베레스트산은 판(플레이트)끼리의 충돌로 생겨 났어. 판은 지금도 계속 움직이고 충돌하기 때문에 에베레스트산은 연간 5~10mm 정도 높아져. 하지만 동시에 3mm 정도 자연에 의해 깎여 나가기도 하지. 그래서 사실 매년 에베레스트산의 높이는 달라.

• 변화되는 스핑크스의 얼굴 •

이집트에는 사자의 몸과 인간의 얼굴을 가진 스핑크스 석상이 있어. 하지만 자연에 의해 수천 년 동안 그 형태가 조금씩 바뀌어 복구 작업이 되풀이되고 있어. 사진을 보면 얼굴이 평평해진 걸 알 수 있어.

◀이집트 카이로 교외에 있는 도시인 기자에 있는 스핑크스.

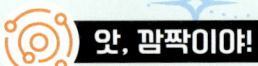 **앗, 깜짝이야!**

밤인데도 밝은 곳이 있다!

지구의 혼잣말
@earth_talk to myself

전달 136   괴로워 ♡ 541

태양 때문에 인간들도 괴롭겠지만 나도 괴롭다고~ 1년 내내 태양 주변을 돌아야 하니까 내가 얼마나 뜨거운지 알겠지?

밤이 되어도 캄캄해지지 않는 신비한 곳

지구는 북극과 남극을 연결하는 '자전축'을 중심으로 하루에 한 번 회전하고 있어. 그리고 이 자전축은 약간 기울어져 있지.

그래서 남극과 북극에는 종일 태양이 지지 않는 '백야' 현상과 종일 태양이 뜨지 않는 '극야' 현상이 나타나. 아래의 그림을 보면 이해하기 쉬울 거야.

자전축이 기울어져 있기 때문에 북반구에서 극야 현상이 일어나면 남반구에서는 백야 현상이 일어나고, 반대로 북반구에서 백야 현상이 일어나면 남반구에서는 극야 현상이 일어나.

이 현상은 지구의 꼭대기에 가까울수록 길어져서 남극점과 북극점에서는 이러한 현상이 반년 정도 지속되기도 해. 아침인데 밝지 않고 밤인데 어둡지 않다니, 과연 어떤 느낌일까?

앗, 깜짝이야!

일본행 비행기 표로 하와이에 갈 수 있다?

하와이와 일본이 점점 가까워지고 있다

지구의 겉(지각)은 퍼즐처럼 10여 개의 판(플레이트)으로 덮여 있어. 그리고 지구 내부에 있는 '맨틀'의 움직임에 따라 조금씩 이동해. 우리나라는 유라시아 판 동쪽 끝에 위치해 있지만, 일본은 태평양 판, 필리핀해 판, 유라시아 판, 북아메리카 판 경계에 위치하고 있어. 태평양 판은 1년에 조금씩 서쪽으로 움직이고 있는데 하와이는 이 태평양 판 위에 있지.

그래서 일본과 하와이는 점점 가까워지고 있어. 시간이 몇 천만 년쯤 지나면 일본과 하와이는 엄청나게 가까워질 수도 있어.

퍼즐 조각 같은 지각

지구 표면은 여러 조각의 판으로 나뉘어져 있어. 지구 내부의 맨틀이 움직이면서 판도 함께 움직이지. 판의 경계에는 지진이 잘 일어나는데 일본은 판의 경계와 가깝기 때문에 지진이 자주, 세게 발생해. 그래서 일본은 세계에서 손꼽히는 '지진국'으로 알려져 있어.

> 하와이에 **잠깐** 다녀올게요!

> 저녁 먹기 전에 오렴~

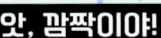

푸른 하늘, 파란 바다는 모두 빛 때문이다!

하늘과 바다의 색은 조건에 따라 달라진다

물도, 공기도 투명한데 하늘과 바다는 왜 파랗게 보이는 걸까? 그 이유는 바로 햇빛의 산란 때문이야.

산란이란 빛이 다른 물체와 부딪혀 흩어지는 것을 말해.

햇빛은 아무 색깔이 없는 것 같지만, 사실 여러 가지 색이 모두 들어 있어.

이런 여러 가지 색의 빛깔이 물이

2 신기한 지구

• 새빨갛게 물든 바다 •

평소엔 아름다운 푸른색의 바다가 어떨 땐 붉게 보일 때가 있어. 이러한 현상을 '적조'라고 하는데, 플랑크톤이 필요 이상으로 많아지면 이와 같은 현상이 나타나. 그리고 플랑크톤이 너무 많은 산소를 쓰는 바람에 물고기들이 산소 부족 상태에 빠지게 되지.

▲ 적조 현상이 나타난 바다.

나 공기와 부딪히면 특히 파란색, 보라색, 남색이 다른 빛보다 더 많이 산란해. 그렇기 때문에 물이나 하늘이 파란색으로 보이는 거야. 바다는 깊이와 물의 상태에 따라 색이 다르게 보이지.

태양과 지면의 거리가 멀어지는 저녁 무렵의 하늘은 흩어지는 속도가 느린 붉은 빛만 남아 아름다운 저녁노을이 되는 거야.

지구의 혼잣말
@earth_talk to myself

내가 파랗게 보이는 것도 다 태양빛 때문인 거야? 신기해~

전달 ↻ 186　　　파란지구 ♡ 521

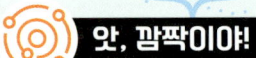 앗, 깜짝이야!

개성 가득한 심해어, 알고 보면 수수하다?

"튀고 싶지 않아…."

지구의 혼잣말
@earth_talk to myself

전달 332　　재미있어 ♡ 613

새빨간 물고기도 바닷속에서는 회색으로 보인다니, 놀라워. 내가 평소에 보는 풍경이나 동물이 사실은 전혀 다른 모습을 지니고 있을지도 몰라.

붉은색은 심해에서 튀지 않는다

심해에 사는 물고기는 붉은색을 띤 것이 많아. 옥돔이나 눈볼대, 볼락 등이 그렇지.

'푸른 바다에서 사는데 빨간색 몸을 지녔다니, 금세 눈에 띄어 천적에게 잡아먹히지 않을까?' 하고 걱정이 되겠지만, 사실 빨간색은 바닷속에서 가장 튀지 않는 색 중 하나야. 물은 빨간색 빛을 쉽게 흡수하는 성질을 가지고 있어. 바다가 파랗게 보이는 것도 바닷물이 태양 빛 중 붉은색을 흡수하고 파란색을 반사하기 때문이야.

그리고 심해어의 빨간색 몸은 푸른빛을 흡수하는 성질이 있어. 결국 붉은빛도, 푸른빛도 흡수되어 바닷속에서는 회색으로 보이게 되지. 깊고 어두운 바닷속에서 회색 몸을 지녔다면 천적의 눈에 띄지 않겠지? 태양 빛이 전혀 닿지 않는 심해에 사는 물고기들은 붉은색뿐만 아니라 검은색, 회색, 갈색 등 어두운 색을 띠고 있어.

바다에서 살아남기 위한 또 다른 노력!

적에게 들키지 않고, 작은 먹잇감을 잡기 쉽도록 심해 생물은 몸을 붉게 만드는 것 외에도 다양한 방법을 궁리하고 있어. 매오징어나 아귀처럼 몸의 일부에서 빛을 발하는 것도 심해에서 살아남기 위한 기술 중 하나야.

◀ 해안가에서 파랗게 빛나는 매오징어.

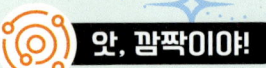 앗, 깜짝이야!

바이러스는 혼자서 살 수 없다?

친구를 늘리기 위한 바이러스의 노력

우리가 생각하기에 바이러스와 세균은 비슷한 이미지야. 아주 작고 질병을 일으키는 원인이라는 생각에 둘 다 같은 개념이라고 생각하기 쉽지. 하지만 바이러스와 세균은 아주 큰 차이가 있어.

첫 번째로는 크기의 차이야. 둘 다 눈에 보이지 않을 만큼 작지만, 보통 바이러스는 세균의 50분의 1크기야.

두 번째로는 증식하는 방법이야. 세균은 영양분이 있으면 그것을 먹이 삼아 스스로 번식할 수 있어. 하지만 바이러스는 스스로 증식하지 못하는 대신 ※기생하는 상대의 세포가 저장한 영양분 등을 이용해 그 수를 늘리는 거야. 그래서 바이러스는 자신에게 맞는 기생 상대가 없으면 혼자서 살아갈 수 없어.

※기생 : 스스로 생활하지 못하고 다른 것에 의지하여 생활함.

쓸모 있는 세균과 바이러스

청국장이나 요구르트에도 세균이 있어. 바로 비피두스균이야. 장에서 번식하는 유산균의 하나인데 이처럼 인간의 생활에 도움을 주는 세균도 있지. 현재 바이러스를 이용해 암을 퇴치하는 항암 바이러스 약물 연구도 활발하게 이뤄지고 있어.

◀ 발효된 청국장에는 칼슘, 비타민 등의 영양분이 많이 함유되어 있어.

 지구의 혼잣말
@earth_talk to myself

좋은 바이러스만 가득했으면 좋겠어~ 나쁜 바이러스는 모두를 아프게 만드니까.

전달 ⤴ 233   알미워 ♡ 777

얘들아~! 다들 어디 갔어~?

황당한 장소 2

가 보면 깜짝!

폼페이

하룻밤 사이 사라진 고대 도시

폼페이는 이탈리아 남부에 있던 고대 도시로, 고대 로마 시대 때 매우 번성한 곳이었다고 해.

하지만 이 도시는 서기 79년, 갑자기 자취를 감추고 말았어. 그 주변에 있던 활화산인 베수비오산이 폭발하여 도시가 묻혀 버렸기 때문이야. 도시는 순식간에 고온의 화산재와 돌, 화산 가스로 뒤덮였지. 그리고 18세기에 발굴되었어.

발굴된 폼페이는 당시의 모습을 잘 보존하고 있어 고대 로마의 문화와 풍습을 연구하는 데 귀중한 자료로 사용되고 있어.

버뮤다 삼각 지대

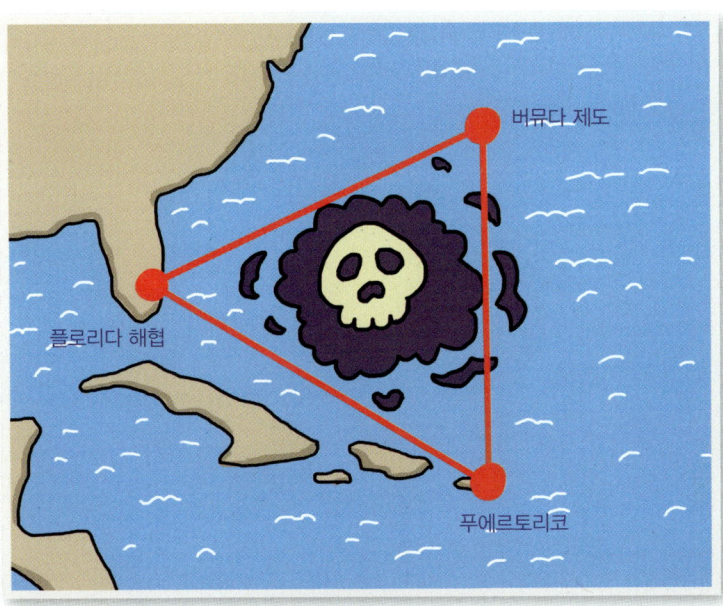

비행기나 배를 집어삼킨다? 마의 해역

플로리다 해협과 버뮤다 제도, 푸에르토리코를 잇는 삼각형 범위 안의 해역을 버뮤다 삼각 지대라고 부르고 있어.
이곳이 유명해진 이유는 수백 건의 배와 항공기가 실종되었지만, 그 원인이 명확하게 밝혀지지 않아 미스터리 실종 사건으로 기록되어 왔기 때문이야.
오랜 옛날부터 바다 괴물이나 미스터리한 사건에 대한 이야기는 사람들 사이에서 많이 전해져 왔지. 버뮤다 삼각 지대에 대한 이야기도 바다를 두려워하는 마음에서 생긴 것인지도 몰라.

배서스트만

조금만 들어가도 캄캄절벽!

오스트레일리아 태즈메이니아 섬에 있는 배서스트만은 아주 독특해. 바로 바다의 색깔이 새빨갛지. 강에서 흘러 들어온 물에 홍차의 성분 중 하나인 타닌이 함유되어 있어서 마치 홍차처럼 물의 색깔이 새빨간 거지.

붉은 바다는 아름답긴 하지만 바다에 사는 생물에게는 너무나 가혹한 환경이야. 붉은색은 태양 빛을 잘 흡수하는 성질을 갖고 있어서 배서스트만은 고작 8m만 잠수해도 캄캄하지. 보통 바다라면 수심 200m 이상인 심해 환경을 아주 얕은 바다에서 볼 수 있는 거야. 실제로 배서스트만의 얕은 여울에는 일반적인 생물이 아닌 평소 빛이 닿지 않는 심해에 사는 생물이 있다는 사실이 밝혀졌어.

3 엉뚱한 지구

어마어마하게 큰 지구에
엉뚱한 면이 있다고?
피식피식 웃음이 나는
지구의 색다른 모습 공개!

엉뚱한 지구

이번엔 나도 모르게 웃음이 날 것 같은 내 모습을 보여 줄게. 아마 너희가 봐도 웃길 거야.

지구는 자신의 나이를 모른다?

사실 내가 몇 살인지 몰랐었어.
대신 알아봐 줘서 고마워!

98쪽

남쪽 섬에서는 가벼워진다?

남쪽 섬에 가면 몸무게가 조금 가벼워진다고 해. 거기서는 다이어트 안 해도 되겠다!

102쪽

산 위에서 조개를 캔다!

세계에서 가장 높은 산, 에베레스트. 8,000m가 넘는 그 산에서 바다 생물인 조개 화석이 발견된 거 알아?

104쪽

바람은 변덕쟁이 나그네!

바람은 온 세상을 빙글빙글 돌며 여행하지. 매일 반복되는 내 입장에서 보면 엄청 부러워.

112쪽

똥으로 달리는 차가 있다!

가솔린을 연료로 사용하는 차는 지구의 환경을 파괴시켜. 환경을 보호하기 위해 동물의 똥과 오줌을 연료로 사용하는 자동차가 있어.

116쪽

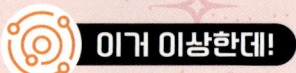

지구의 나이는 지구에게 물어봐도 모른다?

운석이 알려 주는 지구의 나이!

지구가 탄생한 건 약 46억 년 전이야. 그런데 우리는 어떻게 지구의 나이를 추측할 수 있었을까?

모든 사물은 아주 잘게 나누면 '더 이상 나눌 수 없는' 아주 작은 알갱이가 돼. 그중에는 방사선을 배출해 다른 물질로 바뀌는 알갱이가 있어. 그 알갱이가 변신하는 데 걸리는 시간은 늘 같지. 그래서 암석 등에 함유된 알갱이 중 원래 알갱이와 변화한 후의 알갱이 수를 세면 그 돌이 언제 생긴 것인지 계산할 수 있어.

하지만 갓 태어났을 무렵의 지구는 진득진득한 마그마의 바다로 덮여 있었어. 아무리 오래된 암석을 조사해도 알 수 있는 건 마그마가 식어 그 돌이 굳은 ※연대뿐이지.

그래서 지구와 비슷한 시기에 태어나 충돌한 것으로 짐작되는 운석을 조사해 46억 년이라는 숫자를 계산해 낸 거야.

※연대 : 지나간 시간을 일정한 햇수로 나눈 것.

• 방사선 덕분에 고대에 대해 조사할 수 있다? •

방사선이라고 하면 마치 엄청나게 위험한 것처럼 느껴져. 하지만 방사성 물질은 엄연히 자연계에 존재하는 거야. 암석이나 화석 등 아주 오래된 것에 대해 조사할 때는 이 방사선을 이용한 '방사 연대 측정법'이 자주 쓰여.

• '달'에도 물이 존재한다?

©NASA

과학자들은 채취한 달의 흙과 광물 등에서 수분이 함유되어 있는 걸 발견했어. 또 달 극지방 주변의 분화구에 얼음이 존재한다는 사실도 발견했지.

◀달 표면을 탐사하는 아폴로 15호 월면차.

지구에 물이 있는 것은 운이 좋았기 때문이다!

그야말로 기적! 태양과의 적절한 거리 덕분에 우리는 살아 있다

지구는 '물의 행성'이라고 불려. 물 덕분에 이렇게 많은 생명이 넘치는 곳이 된 거야. 지구 최초의 생물은 바다에서 탄생한 것으로 추측돼. 그리고 산소를 만들어 내는 생물이 태어난 곳도 바다지. 바다가 없었다면 인간은 태어나지도 못했을 거야. 그럼 어째서 지구에는 물이 있는 걸까? 사실은 지구가 '때마침 알맞은 위치에 있었기 때문'이야. 태양과의 거리가 너무 멀지도, 가깝지도 않아서 물이 액체 상태 그대로 있을 수 있었던 거지.

지구와 같은 태양계에 있지만, 금성은 태양과 너무 가까워서 열기 때문에 물이 증발해 버리고, 화성은 태양과 너무 멀어서 물이 얼어 버리고 말지. 다른 행성에도 한때는 액체 상태의 물이 있을 거라고 생각한 적도 있어. 하지만 무인 탐사기로 우주를 연구할 수 있게 된 현대에 와서 다른 행성에 액체 상태의 물은 존재하지 않는다는 것을 알게 됐어.

이거 이상한데!

남쪽 섬은 통통이가 살기 좋은 곳이다?

적도에 가까울수록 사물은 아주 조금씩 가벼워진다

우리는 지구의 중심으로 향하는 '인력'에 끌어당겨지고 있어. 동시에 지구의 자전에 의한 '※원심력'으로 아주 조금 바깥쪽으로 끌어당겨지지.

이 인력과 원심력을 합한 힘이 '중력'이야.

제트 코스터나 자동차가 커브를 돌 때 힘을 가하지 않으면 바깥쪽으로 기울지.

※원심력 : 원운동을 하는 물체가 원의 바깥으로 나아가려는 힘.

앗~해~

에콰도르의 적도

에콰도르에는 적도 기념탑이 있어. 적도에서는 특별한 현상이 많이 일어나. 적도선 위에서 물을 배수구에 흘려보내면 소용돌이가 생기지 않고 바로 내려가지. 또 달걀 노른자가 어느 한쪽으로 치우치지 않고 정중앙에 위치하기 때문에 계란을 똑바로 세울 수도 있지. 이곳에 가면 몸무게가 최대 1kg이나 줄어든다고 해. 정말 신기하지?

※출처 : 한국 경제 일보 참고
※본 내용은 우리나라에 맞춰 수정되었습니다.

그 힘이 바로 원심력이야. 인력과 원심력을 합한 중력은 적도에서 작아져.

사물의 무게는 중력의 크기에 의해 정해지는데 같은 물건이라도 북극과 남극, 적도에서 무게가 각각 달라.

다이어트를 하지 않아도 적도와 가까운 남쪽 섬에 가면 아주 조금이나마 몸무게가 가벼워지는 거야.

지구의 혼잣말
@earth_talk to myself

중력도 장소에 따라 조금씩 달라. 둥실둥실 떠다닐 수 있는 곳이 있다면 재밌겠다!

전달 ⤴ 318   다이어트 ♡ 529

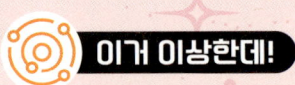 이거 이상한데!

에베레스트산에서 조개를 잡을 수 있었다?

지구의 혼잣말
@earth_talk to myself

인간은 어딘가에 고이 넣어 두었던 물건을 찾게 되면 어떤 생각이 들어? 잃어버린 줄 알았던 물건을 찾아서 기분이 좋아?

전달 529 비밀 869

바다 밑에서 세계 최고의 산으로!
대지를 움직이는 판의 힘!

산은 화산이 분화하여 뿜어져 나온 마그마가 굳어서 생긴 것과, 판(플레이트)끼리 부딪쳐 생긴 것이 있어.

세계에서 가장 높은 에베레스트산을 비롯하여 높은 산이 많이 있는 히말라야산맥은 사실 바다 밑에 있었어. 그 증거로 에베레스트산 정상에서 조개와 물고기 화석이 많이 발견됐지.

4000만 년 전, 판의 이동으로 움직인 인도판이 유라시아판과 부딪쳤어. 이 충격으로 두 육지 해안선이 솟구쳐 올라 생긴 게 바로 히말라야산맥이야. 판은 지금도 계속 움직여서 매년 에베레스트산의 높이가 아주 조금씩 높아지고 있어.

히말라야산맥 외에도 아프리카판과 유라시아판이 부딪쳐 알프스 산맥이 됐지.

화석은 주로 퇴적암에서 발견된다

생물이 죽은 후 그 위에 흙이 덮이고 오랜 시간 동안 외부의 압력을 받게 되면 단단해지면서 바위가 되는데 이것을 퇴적암이라고 해.
그런데 왜 화석은 퇴적암에서 주로 발견되는 걸까?
화성암은 고온의 마그마가 식어서 생성되고, 변성암은 지하에서 높은 열과 힘을 받아서 생성돼. 이러한 경우, 생물의 형체가 남아 있기 어려워서 화성암과 변성암에서는 화석이 잘 발견되지 않아.

※출처 : 행정안전부 대통령기록관 참고
※본 내용은 우리나라에 맞춰 수정되었습니다.

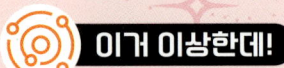

대륙은 다투고 화해하는 걸 반복하고 있다?

아메리카~ 가지 마~!

아프리카 대륙

대륙은 계속 끊임없이 움직이고 있다

지구의 표면은 몇 개의 판(플레이트)으로 덮여 있는데, 판은 지구 맨틀의 움직임에 따라 함께 계속 움직여. 현재 여섯 개로 나뉘어진 대륙은 사실 처음부터 나뉘어져 있지 않았어. 예전에는 현재의 대륙들이 하나의 커다란 대륙을 이루고 있었다고 해. 이 한 개의 대륙을 ※판게아 대륙이라고 이름 붙였지. 독일의 알프레트 베게너라는 과학자가 대

※판게아 대륙 : 2억 5000만 년 전부터 2억 년까지 존재했던 초대륙.

• 아무도 믿어 주지 않았던 '대륙 이동설'

하나의 대륙이 분열해 지금의 여섯 개의 대륙이 되었다는 베게너의 '대륙 이동설'은 처음엔 아무도 믿지 않았어.
그의 주장이 인정받게 된 것은 고작 수십 년밖에 되지 않았어.

▶ 알프레트 베게너(1880~1930).

서양을 사이에 둔 남아메리카 대륙의 동쪽 해안선과 아프리카의 서쪽 해안선이 잘 들어맞는 것을 보고 이를 주장했지.
또 캐나다의 지질학자인 투조 윌슨은 대륙이 수억 년을 주기로 모였다 떨어졌다를 반복한다는 가설을 주장했어. 이러한 현상을 '윌슨 사이클'이라고 불러.
일부 과학자들은 이 가설을 근거로 앞으로 2억~ 2억 4천만 년 후에는 대서양과 인도양이 사라지고 하나의 거대한 대륙이 생성될 거라고 해.

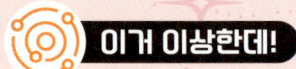이거 이상한데!

동굴에서 죽순이 자란다?

지구의 혼잣말
@earth_talk to myself

땅에서 자란 돌을 죽순에 비유하다니, 재밌다. 정말로 먹을 수 있다면 더 좋을 텐데.

전달 753　　독특해 684

천장에서 똑똑 떨어진 물이
돌로 변한다?!

동굴이 만들어지는 원리는 땅속에서 화학 변화가 일어나기 때문이야. 우리나라의 영월, 삼척, 단양 등에는 석회암 동굴이 있어. 이 동굴은 어떻게 만들어진 걸까?

석회암은 탄산 칼슘이라는 물질이 주를 이루고 있는데, 이는 산에 잘 녹아. 지하수나 빗물은 공기 중의 이산화 탄소가 녹아서 약한 산성을 띠는데, 지하수나 빗물이 석회암 지대에 흘러 들어가게 되면서 석회암을 녹여 동굴이 만들어진 거야. 동굴이 생긴 뒤에도 비는 계속 내려 동굴 천장에 스며들지. 물은 바닥으로 떨어지면서 이산화 탄소가 날아가고, 탄산 칼슘이 쌓여 종유석과 석순이 생겨.

종유석은 동굴의 천장에 고드름같이 달려 있는 돌이고, 석순은 죽순 모양으로 생긴 돌이야. 둘이 만나서 돌기둥이 되기도 해.

· 다양한 모양의 종유석 ·

동굴에는 고드름이나 죽순 외에도 다양한 모양의 종유석 있어. 1cm의 종유석이 자라려면 100년이라는 시간이 걸리지. 이렇게 만들어진 자연의 멋진 작품, 나중에 꼭 경험해 보길 바라!

◀일본의 어느 동굴에 있는 종유굴. 논두렁처럼 생긴 종유석이 가득하다.

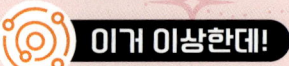 **이거 이상한데!**

머리 위로 강이 흐른다?

머리보다 높은 곳에서 흐르는 신비한 강

머리 위로 강이 흐른다고 상상해 본 적 있어? 이렇게 하천의 바닥이 주변의 평지보다 높은 곳을 '천정천'이라고 해.

강은 하류로 갈수록 속도가 느려져서 상류로부터 흘러 내려온 흙모래가 바닥에 쌓여. 이러한 경우, 강바닥이 점점 높아져 큰비가 오면 물이 흘러넘치게 돼. 그래서 이를 막기 위해 강 옆으로 물이 넘어 들어오지 못하게 돌이나 흙 등을 쌓아 제방을 만들지. 어떤 곳은 천정천 아래에 기차나 차가 다니기도 해.

물은 높은 곳에서 낮은 곳으로 흐르기 때문에 천정천이 흘러넘치면 주변 평지가 물바다가 되고 말아. 게다가 물이 흘러 내려갈 곳이 없다 보니 그 피해가 더욱 크지.

천정천은 하류에만 생긴다

강 상류는 경사가 급해서 흐르는 속도가 빠르다 보니 주변의 암석과 흙을 깎아 내도 바닥에 토사가 쌓이지 않아. 하지만 하류는 물이 흐르는 속도가 느리기 때문에 천정천은 흙모래가 쌓이기 쉬운 하류의 평지에만 생겨.

◀천정천 밑의 터널.

공기가 있는 곳이라면 어디든 바람은 분다

매서운 태풍, 기분 좋은 산들바람, 서쪽에서 불어오는 하늬바람 등 우리 주변에는 다양한 바람이 불어.

바람은 무언가가 일으키는 게 아니라 공기가 이동하면서 생겨. 공기는 따뜻하면 부풀어서 부피가 커지며 가벼워지고, 차가우면 부피가 줄어서 무거워지는 성질을 가지고 있어. 그래서 태양 빛에 데워져 가벼워진 공기는 위로, 높은 하늘에서 차갑게 식은 공기는 아래로 내려가지. 이때 올라가거나 내려간 공기가 있던 자리에서는 그 주변의 공기가 이

동하는데 이게 바로 바람이야. 온도 차이뿐만 아니라 지구의 자전으로 인해 부는 바람도 있고, 계절마다 정해진 방향으로 부는 바람도 있어.

바람은 온 세상을 빙글빙글 이동하면서 자유롭게 여행하고 있어.

우리의 다양한 '바람'

옛날부터 사람들은 바람에 다양한 이름을 붙이며 날씨와 계절의 변화를 기록했어. 바람이 부는 방향이나 계절, 지역별로 다양하게 이름을 지었지. 바람에는 이른 봄, 꽃필 무렵에 부는 꽃샘바람, 첫 가을에 부는 서늘바람, 동쪽에서 부는 샛바람 등이 있어.

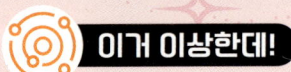 이거 이상한데!

무지개는 일곱 색깔이 아니다?

지구의 혼잣말
@earth_talk to myself
전달 ☂ 602   생각의자유 ♡ 847

무지개의 색깔이 몇 개인지 생각해 본 적도 없어. 다섯 색깔이든, 일곱 색깔이든 내가 느끼는 대로 표현하면 되는 거지.

태양과 물이 만들어 낸 하늘의 예술

무지개는 햇빛과 공기 중의 물방울로 인해 만들어져. 공기 속에 떠 있는 작은 물방울이 햇빛을 받아 빛이 갈라지고 흩어져서 무지개가 생기지. 그래서 비가 막 그치고, 태양이 비칠 때 무지개를 더 잘 볼 수 있어. 햇빛은 우리 눈으로 보기에 색이 없어 보이지만, 사실 여러 가지 빛깔이 섞여 있어. 햇빛은 물방울을 통과할 때 방향이 꺾이고 흩어져. 이때 꺾이는 정도에 따라 햇빛의 색깔이 다르게 나타나. 즉 햇빛이 공기 중의 물방울을 통과할 때 흩어지면서 여러 가지 색으로 나뉘어 우리가 무지개를 볼 수 있는 거야.

우리나라에서 무지개의 색은 일곱 가지로 나타내. 하지만 나라마다 무지개의 색이 달라. 미국에서는 여섯 가지, 독일에서는 다섯 가지로 나타내지. 무지개를 자세히 보면 사실 색의 경계는 뚜렷하지 않아. 색의 수는 무한하다고도 할 수 있지.

• 무지개를 일곱 가지 색으로 처음 정한 사람은 뉴턴! •

만유인력의 법칙을 발견한 것으로 유명한 물리학자, 아이작 뉴턴은 무지개 색을 빨주노초파남보 일곱 개로 처음 정한 사람이야. 뉴턴이 무지개를 일곱 가지 색으로 구분한 건 그 당시 7을 성스러운 숫자로 생각했던 문화 때문이라고 추측하기도 해.

◀아이작 뉴턴(1643~1727).

똥으로 달리는 자동차가 있다!

쓰레기로 만든 친환경 에너지!
'바이오 에너지'

혹시 '바이오 매스 에너지', '바이오 에너지'라는 말을 들어 본 적 있어? 이는 식물이나 미생물에서 생겨난 자원을 가리키는 말로, 쓰레기를 원료로 만드는 에너지를 말해.

예를 들어, 생물이 공기가 없는 곳에서 썩으면 메테인 가스가 발생하는데 이때 생성된 메테인 가스를 난방용 연료로 사용할 수 있어. 지구 온난화가 심각한 요즘, 그 원인이 되는 석유와 석탄을 대신할 미래 에너지로 주목받고 있지.

현재 전 세계 곳곳에서 바이오 에너지에 대한 연구가 활발히 이루어지고 있어. 하지만 바이오 매스의 원료인 식물을 키우기 위해 많은 삼림이 토벌되고 있고, 이 식물을 연료로 가공하기 위해 이산화탄소를 배출하는 등 아직 남은 과제가 많아.

• 대나무도 신재생 에너지로! •

최근 친환경 재생 에너지로 대량 생산이 가능한 대나무 품종이 개발되었다고 해. 대나무는 1년에 최대 11m 정도 자랄 만큼 성장이 빠르기 때문에 에너지로 사용되기 적합한 식물이야.

◀ 대나무 숲.

황당한 장소 ③ 가 보면 깜짝!
나스카의 지상화

고대인이 남긴 궁금한 수수께끼

남미의 페루에는 신비한 그림이 있어. 바로 '나스카의 지상화'라고 불리는 그림이야. 이렇게 큰 그림을 왜, 어떻게 땅에 그렸을까? 1927년 처음 지상화가 발견되었지만 지금도 여전히 수수께끼야.

유명한 벌새 그림 외에 원숭이, 거미, 고양이 등 많은 그림이 발견되었고 아직도 그 발견은 끊이질 않고 있어.

확인된 지상화만 해도 350개가 넘지. 무려 300m에 달하는 그림도 있어. 나스카의 지상화는 1994년 유네스코 세계 문화유산으로 등재됐어.

볼리비아의 스타디움

해발 고도가 너무 높아서 시합 금지?!

남미의 볼리비아에 있는 홈 경기장인 '에스타디오 에르난도 실레스'는 무려 해발 3,625m에 위치한 고산 지대야.
백두산 해발 고도가 약 2,744m이니 그보다 훨씬 높은 곳에서 축구 경기를 하는 셈이지. 그래서 국제 축구 연맹(FIFA)은 선수들의 건강 문제를 이유 삼아 해발 2,500m 이상의 고지대에서는 국제 경기를 금지하도록 규정했어. 실제로 시합 중에 쓰러지거나 구토를 한 선수도 있었고, 경기가 치러진 뒤에 선수들은 산소마스크를 착용해야 했지.
하지만 볼리비아 대통령의 거센 항의 때문에 지금은 이곳에서도 월드컵 예선을 치를 수 있다고 해.

황당한 장소 ③ 가 보면 깜짝!

사해

너무 짜서 아무도 마실 수 없는 죽음의 바다

아라비아반도의 서북쪽에 있는 호수야. 이스라엘과 요르단에 걸쳐 있지.
호수이지만 염분 농도가 약 30%나 돼. 바닷물에 비해 열 배나 많은 소금이 녹아 있어. 사해로 흘러 들어온 물이 빠져나가지 못하고, 건조한 기후 때문에 물만 증발해 염분 농도가 높아진 거야. 이곳에서는 수영을 못 하는 사람도 몸이 둥둥 뜰 수 있어.
하지만 사해에서는 여느 호수처럼 물고기를 발견하는 게 아주 어려워. 염분 농도가 너무 높아 어떤 물고기도 살 수 없기 때문이야. 그래서 '죽음의 바다'라고 불리기도 하지.

4 위험한 지구

이대로 가다간 큰일 날 거야!
무시할 수 없는
지구와 생물의 관계!

위험한 지구

내가 살아온 시간에 비교하면 인간이 태어난 건 아주 최근이야. 지구는 인간을 위해서만 존재하는 게 아니라고~!

소가 내뿜는 트림과 방귀는 위험해!

인간은 우유나 고기를 얻기 위해 소를 키우지. 하지만 그 수가 너무 늘어 지구가 위협받고 있다는 사실, 혹시 알고 있어?

124쪽

시큼한 비가 지구를 파괴한다!

강한 산성비 탓에 생물이 살 수 없는 환경으로 바뀐 곳이 있어. 모두 다 인간 때문에 벌어진 일이야.

130쪽

대멸종이 또다시 일어난다!

대멸종은 멸종된 생물의 수가 아주 많은 걸 뜻해. 지금까지 지구에는 크게 다섯 번의 대멸종이 일어났지. 예전에는 자연 때문이었지만, 이제는 인간 때문이야.

물은 소중해!

지구에는 물이 많지만, 인간이 마실 수 있는 물은 아주 적어. 한국에 사는 너희는 실감하지 못하겠지만.

해일은 무시무시해!

지진이 발생하면 조심해야 할 것 중 하나가 해일이야. 해일의 높이가 아주 낮아도 물살에 휩쓸리면 위험해.

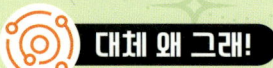 **대체 왜 그래!**

소가 내뿜는 트림과 방귀, 웃을 일이 아니다?

꺼 억

뿌 웅

지구의 혼잣말
@earth_talk to myself

전달 🔁 638   채식주의자 ♡ 941

방귀 때문에 내가 아픈 건 싫어! 이참에 채소 위주의 식사도 나쁘지 않을 것 같은데? 어렵겠지만 꼭 해결해 주길 바라.

지구에 필요하긴 하지만…
지금은 너무 많아졌어!

시간이 지날수록 '지구 온난화'가 가속되고 있어. 그 원인이 되는 온실 효과 가스는 지구 주위에 보호막을 쳐서 지구에 사는 생명체를 지켜 줘. 그런데 이 가스가 너무 많아져서 지구의 온도가 점점 올라가고 있어.

대표적인 온실 효과 가스는 '이산화 탄소'로 인간이 전기와 자동차를 사용하면서부터 배출량이 증가했어. 또 다른 온실 효과 가스 중 하나인 '메탄가스'는 이산화 탄소의 50배 이상 되는 온실 효과를 갖고 있지. 메탄가스는 소나 말 등 초식 동물의 트림이나 방귀에 함유되어 있는데 그 양이 지구에서 배출되는 메탄가스 배출량의 4분의 1이나 차지하고 있어. 이것도 인간이 식량으로 삼기 위해 많은 가축을 키우면서 늘게 된 거야. 초식 동물이 내뿜는 메탄가스를 줄이기 위해 요즘 소화가 잘 되는 동물 사료를 개발하고 있다고 해.

만약 지구 온난화가 계속된다면…

온난화가 점점 심해진다면 남극과 북극의 빙하가 녹아 그곳에 사는 동물들이 삶터를 잃어버리게 돼. 반대로 아프리카 지역에는 비가 내리지 않아 지금보다 더 물 부족 현상이 심해지지. 환경에 적응하지 못한 동식물은 멸종할 거고, 모기가 활동하는 범위가 넓어져 열대 질병들이 넓게 퍼질 거야.

◀기후 변화의 영향으로 개체 수가 줄어든 중앙아시아의 눈표범.

 **대체 왜 그래!**

자동차의 연료는 생물이 죽어서 생긴 화석 연료다?

화석 연료 사용은 이제 그만!

석탄이나 석유, 천연가스 등의 '화석 연료'는 우리 생활과 밀접한 관련이 있어. 자동차나 비행기, 화장품, 옷, 학용품 등을 만들 때 공장의 연료로 사용되고 있지.

화석 연료는 생물들이 땅속 깊이 묻힌 상태로 오랫동안 땅의 무게와 열을 받아서 만들어진 거야. 화석 연료가 만들어지는 데는 몇억 년이나 지나야 하지.

그렇게 오랜 시간이 걸려 만들어진 연료를 이제까지 인간들은 펑펑 써

버렸어. 아마 몇백 년 후면 화석 연료가 완전히 바닥나고 말 거야.

게다가 화석 연료를 사용할 때 발생하는 이산화 탄소는 지구의 온난화를 가속시키고 있어.

그래서 현재 세계적으로 태양열이나 수력, 풍력 등 자연의 힘을 이용하기 위한 에너지를 개발하고 있어.

재생 가능한 에너지

태양열이나 수력, 풍력 등 자연의 힘을 이용한 에너지를 '재생 가능 에너지'라고 해. 하지만 날씨의 영향을 크게 받고 개발하는 데 많은 비용이 소요돼. 또 발전소를 설치하려면 넓은 공간이 필요하지.

▲풍력 발전소.

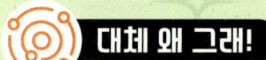 대체 왜 그래!

북극이 녹아도 해수면은 올라가지 않는다?

진짜?

얼음이 녹아도 그대로라고?

 지구의 혼잣말
@earth_talk to myself

전달 720   조심조심 837

해수면이 올라가면 해안가에 사는 인간들이 큰 피해를 입게 돼. 그러니까 조심하라고~

북극의 빙산은 컵 안에 떠 있는 얼음

지구 온난화로 인해 남극과 북극의 얼음이 녹아서 해수면이 상승하고 있다는 이야기는 들어 봤지? 극지방의 얼음이 녹고 있는 건 사실이지만 정확히 말하자면, 북극의 얼음이 녹아도 해수면은 상승하지 않아.

이와 비슷한 원리를 예시로 들어 볼게. 컵에 얼음을 넣고 넘치기 직전까지 물을 채우면 얼음은 수면에서 튀어나온 상태가 되지. 이때 얼음이 녹아도 물은 넘치지 않고 수면의 높이도 여전히 똑같아.

물은 얼면 팽창하는 성질이 있어. 사실은 넘치기 직전까지의 수면이 물의 진짜 부피이고 얼어서 팽창한 양만큼 수면 위로 나와 있었던 거야. 육지가 없는 북극의 얼음도 이와 같아. 거대한 얼음이 바다에 떠 있는 상태인 거지.

지구 온난화로 해수면이 상승하는 이유로는 남극 대륙의 얼음이 녹아 바다로 흘러가는 것과 바닷물의 온도가 높아진 탓에 바닷물 자체가 팽창하는 것 등이 있어.

• 수영장에서 뜨는 건 부력 때문이다 •

◀목욕탕에서 아이디어를 얻은 아르키메데스.

얼음이 물 위에 떠 있을 수 있는 건, 그 부피만큼 물을 밀어내고, 밀어낸 양만큼 부력을 받기 때문이야. 이것을 '아르키메데스의 원리'라고 하는데 고대 그리스의 자연 과학자인 아르키메데스가 목욕탕에 들어갔다가 넘치는 물을 보고 이 원리를 발견했어.

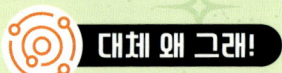 대체 왜 그래!

시큼한 비가 지구를 파괴한다!

…시큼해.

46억 년에 걸쳐 만들어진 환경을 인간이 파괴하고 있다!

인간은 지금 매우 편리한 생활을 하고 있어. 편리함을 강조하는 인간 때문에 지구는 큰 피해를 입게 됐지. 지구 온난화를 비롯해 산성비도 지구의 환경을 파괴하는 원인 중 하나야.

자동차의 배기가스나 공장의 매연에는 해로운 물질이 포함되어 있어. 이 물질이 비와 구름에 녹아 들어가 산성비가 내리는 거야. 산성비는 식물이나 물고기, 흙 등 자연에 좋지 않은 영향을 끼쳐.

인간들은 문제의 심각성을 깨닫고 세계적으로 대책을 논의했어. 그리고 가까운 거리는 걸어 다니거나 대중교통을 이용하는 등의 노력으로 인해 산성비 피해는 점점 줄어들고 있지. 하지만 여전히 산성비로 인해 자연과 생명이 파괴되고 사라지고 있어.

환경 오염의 시작은 '산업 혁명'

환경 오염이 심각해진 건 18세기에 일어난 '산업 혁명' 때부터라고 해. 기계를 이용해 물건을 많이 생산하면서 인간의 생활은 무척 편리해졌지만 그 만큼 환경도 파괴되었지.

◀산성비를 맞고 말라 버린 나무들.

대체 왜 그래!

엄청난 면적의 숲이 사라지고 있다!

숲이 줄어들면 지구도 위험하다!

육지의 약 3분의 1은 삼림이야. 나무는 이산화 탄소를 흡수하고 산소를 배출하지. 또 많은 생물의 안식처이기도 해.

현재 세계적으로 삼림의 면적이 감소되고 있어서 큰 문제야. 지구의 허파라고 불리는 아마존에서는 현재 1초에 18그루의 나무가 베어지고 있어. 아마존이 파괴되는 원인은 고속도로를 만들고, 대형 공장을 만들기 위해서라고 해.

이렇듯 삼림이 사라지면 지구 온난화가 한층 빨리 진행될 거야. 많은 생물이 살 곳을 잃고, 내린 비를 모을 수 없게 되어 홍수도 잦아지지. 삼림이 있는 지역뿐만 아니라 지구 전체의 환경이 어마어마하게 큰 영향을 받는 거야.

작은 것부터 실천하기

우리가 환경을 보호하는 방법은 아주 어렵지 않아. 일회용품 사용을 줄이고 대중교통을 이용하고 불필요한 물건은 사지 않는 등 생활 속에서 실천할 수 있는 일이 많지.

◀ 벌목되는 열대 우림.

4 위험한 지구

지구의 혼잣말
@earth_talk to myself

전달 875　　환경보호 ♡ 941

숲이 사라지면 많은 생물이 집을 잃게 될 거야. 인간의 생활이 편리해지는 것도 좋지만, 숲은 꼭 지켜 주었으면 좋겠어.

 대체 왜 그래!

지금도 동식물의 멸종은 계속되고 있다!

스텔러바다소

콰가

큰바다쇠오리

도도새

지구의 혼잣말
@earth_talk to myself

전달 684   쏠쏠해 839

생물이 멸종하면 더 이상 만날 수 없다는 사실이 너무 슬퍼. 나는 그저 지켜볼 수밖에 없지만, 멸종을 막기 위해 노력하는 인간이 많았으면 좋겠어.

인간이 다른 생물의 집을 빼앗고 있다

'멸종'이란, 생물의 한 종류가 지구 상에서 완전히 사라져 버리는 것을 말해. 생물이 생겨난 이후, 멸종은 수없이 반복되어 왔어. 어느 특정 시기에 생물이 한꺼번에 멸종한 경우도 있는데 이것을 '대멸종'이라고 해. 지금까지 총 다섯 번의 대멸종이 있었어. 공룡이 멸종한 건 가장 최근인 6,600만 년 전, 5차 대멸종 때야.

대멸종의 원인은 다양하게 추측되는데 '화산이 분화해서 피어오른 재가 태양 빛을 막아 추위가 찾아왔다', '운석의 충돌로 큰불이 나고 해일이 일어났다' 등의 설이 있어.

그리고 앞으로 지구에는 여섯 번째 대멸종이 일어날 거라고 해. 그 이유도 역시나 인간의 욕심 때문이지. 편리함을 위해 다양한 생물이 사는 자연을 파괴하고, 오염시켰기 때문이야.

생물이 멸종되는 속도가 점점 빨라진다

지난 100년 동안 400종 이상의 척추동물이 멸종했다고 해. 만약 인간이 자연을 파괴하지 않았다면, 이같은 멸종에는 최대 1만 년이 걸렸을 거야. 이제껏 일어난 대멸종은 모두 자연 때문이었지만, 6차 대멸종이 일어나게 될 원인은 인간 때문이라고 해. 어쩌면 곧 인간도 멸종할지 몰라.

◀아프리카에 사는 북부흰코뿔소. 수컷은 이미 멸종했으며 암컷은 단 두 마리만 살아 있다.

 **대체 왜 그래!**

지구에는 마실 수 있는 물이 거의 없다!

'물 부족' 현상이 일어나는 건 담수가 부족하기 때문이야

지구 면적의 약 70%는 바다야. 물 자체는 많지만 인간이 마실 수는 없지. 인간이 마시고 빨래를 하는 등 생활에서 사용되는 물은 소금이 없는 강이나 호수의 '담수'야.

사실 지구에 존재하는 물의 97.5%는 바닷물이고 담수는 2.5%에 불과해. 게다가 그 대부분이 빙하나 땅속 깊숙이 있기 때문에 실제로 우리가 쓸 수 있는 물은 고작 0.01~0.02%밖에 안 돼.

현재, 인구가 증가하여 한 사람이 쓰는 물의 양이 늘어남으로써 물이 부족해지고 있어. 게다가 공장이나 가정에서 인간이 더러운 물을 배출하고, 자동차의 배기가스에 의해 강물이 오염되는 등의 환경 문제도 일어나고 있지.

이렇게 제한된 물을 인간이 모두 힘을 합쳐 지켜야만 해.

• 세계적으로 심각한 물 부족 현상 •

우리나라도 가뭄 때문에 지방에서는 종종 물 부족 현상을 겪고 있어. 우리나라뿐만 아니라 세계적으로 물 부족 현상은 심각해. 유네스코는 '2030년에는 지구 전체 인구의 47%가 물이 부족할 것'이라고 예측했어. 현재 물의 소유권과 배분을 둘러싸고 세계 각지에서 분쟁도 일어나고 있어.

◀물 배급을 기다리는 인도 사람들.

지구의 혼잣말
@earth_talk to myself

인간이 쓸 수 있는 물이 그렇게 적다고? 미안해, 물이 많아서 괜찮을 줄 알았어.

전달 858   미안해 ♡ 932

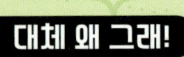

대체 왜 그래!

미생물이 인간의 뒤치다꺼리를 해 준다?

분해한다~

시작하자!

와~!

작은 몸으로 엄청난 일을 해낸다!

눈으로 볼 수 없는 아주 작은 생물, 즉 세균이나 효모, 바이러스 등을 '미생물'이라고 해.
인간은 눈에 보이지도 않는 이 작은 생물에게 큰 도움을 받고 있어.
매년, 바다에서는 사고로 인해 석유 유출 사고가 빈번히 일어나고 있어. 그런데 미생물 중에 석유를 분해하는 종류가 있어서, 석유 유출 사고가 일어나면 이 미생물이

우리 주변의 미생물

가정에서 나오는 음식물 쓰레기도 미생물로 처리할 수 있어. 미생물이 들어간 용기에 음식물을 넣으면 미생물들이 그 음식을 발효, 분해시켜. 친환경적으로 음식물 쓰레기를 해결할 수 있지.

▶ 미생물 음식물 처리기.

증식해서 석유를 분해해 주지. 하지만 감당할 수 없을 정도로 오염된 범위가 넓을 땐 인간이 의도적으로 미생물을 더 유입시키기도 해.

이처럼 미생물을 이용해 환경을 복원하는 기술을 '바이오레메디에이션'이라고 해.

이 기술은 살충제나 세제 등으로 오염된 토지나 물을 정화하고 화학 물질이 스며든 공장 근처의 흙을 깨끗하게 만드는 데 쓰여.

덤벼!

지구의 혼잣말
@earth_talk to myself

미생물은 참 대단해. 눈에 보이지 않을 정도로 작지만 열심히 일하니까. 어쨌든 인간에게나 미생물에게나 좋은 일이지.

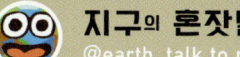

전달 436   능력자 ♡ 683

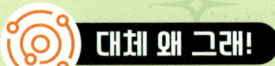 **대체 왜 그래!**

물만 뿌려도 마그마를 막을 수 있다?!

아, 안 돼!

지구의 혼잣말
@earth_talk to myself

전달 564   응원해 ♡ 740

흐르는 마그마를 굳히는 건 엄청 어려울 것 같아. 하지만 자연 재해로 인간과 동물이 피해받는 건 싫어.

단순하면서 효과적인 방수 작전

화산이 분화하면 땅속 깊은 곳에 있던 진득진득한 마그마가 분출되어 땅 위로 나와서 용암이 돼. 그리고 움직이는 성질이 강한 것을 용암류라고 하지.

용암류는 약 1,000℃의 온도로 흐르기 때문에 지나가는 곳의 건물과 논밭을 모두 태워 허허벌판으로 만들어. 그 피해를 막기 위해서는 용암류의 흐름을 멈추거나 방향을 바꾸는 수밖에 없어.

용암류의 흐름을 막을 방법으로는 용암류 앞부분에 물을 뿌려 굳히는 방법이 있어.

분화로 발생하는 다양한 '흐름'

분화가 일어나면 용암류 외에도 고온의 화산재와 수증기 등이 섞여 속도가 매우 빠른 '화쇄류', 분화로 뿜어져 나온 용암과 토사가 빗물과 함께 흘러가는 '토석류' 등이 발생해.

◀토석류에 파묻힌 집.

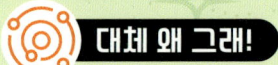

남극은 남쪽이 아닐 때도 있다

나침반이 가리키는 북극은 1년에 50킬로미터씩 움직인다?!

지구는 하나의 거대한 자석과 같아. 북극과 남극이 있고 나침반을 통해 방향을 가늠하지. 하지만 나침반이 가리키는 북극은 고정되어 있지 않아.

이는 우리가 '북극' 하면 떠올리는 지점과, 나침반의 N극이 가리키는 북극이 서로 다르기 때문에 일어나는 현상이야.

먼저 우리가 흔히 이야기하는 북극은 북위 90도 지점(북극점)을 가리키며, 진북이라고 불러. 그리고 실제 나침반이 N극을 가리키는 곳을 자북극이라고 해. 현재 자북극은 캐나다 북쪽의 한 섬에 위치하고 있는데, 지리적으로 진북에서 꽤 떨어져 있어. 다시 말해서 나침반의 N극이 가리키는 곳은 북극점이 아니야. 지구의 자기장이 수시로 변하는 탓에 자북극이 매년 조금씩 움직이기 때문이야.

또한 지금까지의 연구로 N극과 S극은 평균 25만 년에 한 번씩 바뀐다는 것도 밝혀졌지. 자북극이 바뀔 때는 지구의 자기장이 약해진다고도 하는데 현재 지구의 자기장은 100년에 5%씩 약해지고 있어.

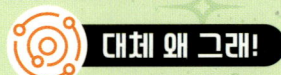 **대체 왜 그래!**

산소를 만들어 내는 건 민폐였다?!

맨 처음 지구가 생겼을 땐 산소가 필요 없었다!

인간이 살아가기 위해서는 반드시 산소가 필요하지. 하지만 지구가 갓 생겼을 무렵, 대부분의 기체는 이산화 탄소였어. 그리고 35억 년 전, 햇빛과 물, 이산화 탄소를 이용해 에너지를 만들어 내는(광합성) '시아노박테리아'라는 생물이 지구 상에 나타났지.

산소는 접촉한 것을 '산화'시키는 성질을 갖고 있어. 철이 녹스는 것도 산화야. 이처럼 많은 것들과 반응하기 쉬운 산소는 산소가 필요 없는 그 무렵의 '혐기성 생물'에게는 맹독이었어.

즉, 시아노박테리아가 광합성을 함으로써 환경 파괴를 했던 셈이지. 그렇게 일부 생물은 살아남기 위해 산소를 이용해 호흡하는 방향으로 진화했어.

옛날엔 모두 우릴 싫어했어요.

저리 가~

지구의 혼잣말
@earth_talk to myself
그러고 보니 그런 적도 있었지~ 어떤 시대나 새로운 건 받아들여지기 어려운 것 같아.

전달 ⤴ 188   그땐그랬지 ♡ 524

• 사실은 우리와 친근한 '혐기성 생물'

혐기성 생물의 종류는 다양해. 산소가 있어도 살아갈 수 있는 종류와 산소와 접촉만 해도 죽어 버리는 종류가 있지. 요구르트에 들어 있는 '비피두스균'도 혐기성 생물 중 하나야.

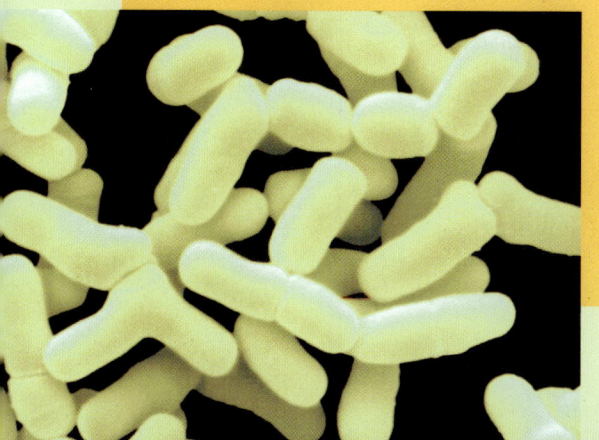

◀현미경으로 본 비피두스균.

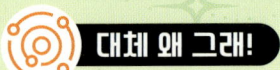 대체 왜 그래!

북반구의 태풍은 남반구에 갈 수 없다!

지구의 혼잣말
@earth_talk to myself

태풍은 온갖 것들을 휩쓸고 가서 제 멋대로라고 생각해. 모두 조심!

전달 379   이기적이야 ♡ 684

지구가 돌고 있어서 태풍도 소용돌이친다!

태풍은 우리나라보다 훨씬 남쪽인 적도 근처에서 발생해. 뜨거운 태양에 데워진 바닷물이 수증기가 되어 하늘로 올라가고, 그 자리로 주위의 습한 공기가 소용돌이치며 모여드는데 이것이 태풍으로 발전하는 거야. 태풍의 소용돌이는 북반구에서는 시계 반대 방향으로 회전해. 이것은 지구의 자전에 의해 일어나는 '코리올리의 힘'이라는 현상 때문이야. 쉽게 말해 바람을 휘게 하는 힘이지.

코리올리의 힘은 태양을 가장 많이 받는 적도에서는 0이지만 남과 북으로 갈수록 점점 커져. 또한 북반구와 남반구에서는 휘게 하는 방향이 반대가 되는 성질도 갖고 있지. 그래서 적도 바로 위에서는 태풍이 발생하지 않고 남반구의 태풍은 시계 방향으로 회전해. 적도에서는 회전의 힘이 0이 되기 때문에 북반구에서 발생한 태풍이 남반구로 갈 수 없으며 남반구에서 발생한 태풍이 우리나라까지 오는 일도 없어.

태풍의 친구들

뉴스나 신문 기사에서 '허리케인', '사이클론'이란 말을 들어 본 적 있어? 사실 모두 태풍을 가리키는 말로 발생한 장소에 따라 이름이 달라.

◀발생한 장소와 호칭.

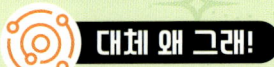 대체 왜 그래!

해일은 아주 낮게 일어도 위험하다!

지구의 혼잣말
@earth_talk to myself

전달 748   콜록콜록 ♡ 859

지진은 재채기 같아. 참을 수가 없거든. 숨길 수 없는 것에는 사랑과 재채기가 있다는데 지진도 그 안에 포함시켜 줘.

엄청난 힘을 가지고 있는 해일!

지진이 일어났을 때 조심해야 하는 것 중 하나가 바로 해일이야. 평소 바다에 치는 파도는 바람의 힘으로 발생하기 때문에 바다의 수면만 철썩철썩거리지. 하지만 해일은 지진 때문에 일어나는 현상으로 바다 밑바닥이 흔들리면서 바닷물을 밀어 올리는 거야.

벽처럼 견고한 바닷물의 힘은 그야말로 어마어마해. 고작 50cm의 얕은 해일이라도 엄청난 힘을 지니고 있어. 해일은 깊은 곳일수록 빠르고, 얕은 곳일수록 느려. 그래서 뒤의 파도가 앞의 파도를 덮치면서 점점 더 커지는 거지. 게다가 느려진다고는 해도 올림픽 단거리 달리기 선수 정도의 속력으로 해변으로 밀려와. 해일을 발견한 후 도망쳐 봤자 이미 늦는 거지. 바다 근처에서 강한 지진을 느낀다면 무조건 높은 곳으로 대피해야 해.

해일의 무시무시한 힘

1960년, 남아메리카 서남쪽, 칠레에서 발생한 대지진으로 인한 해일은 하루 동안 거의 지구 반 바퀴에 해당하는 약 17,000km를 달려서 큰 피해를 입혔어. 해일이 가진 무서운 에너지를 실감할 수 있겠지?

◀ 칠레 지진으로 인해 발생한 해일 때문에 사람들이 큰 피해를 입은 모습.

대체 왜 그래!

지금도 운석은

고고고고

운석이 떨어지는 건
영화 속의 이야기만은 아니다

공룡이 멸종한 원인 중 가장 유력한 설은 운석의 충돌로 인한 기후 변화야(→19쪽). 대부분 운석이라고 하면 아주 희귀하고 엄청나게 큰 돌이라고 생각할 거야. 하지만 이렇게 거대한 운석은 몇천만 년에 한 번꼴로 지구에 떨어져. 반면 크기가 작은 운석은 연간 40번 정도 지구에 떨어지는 것으로 추정돼. 너무 작은 운석은 지구의 대기권에 돌입했을 때 모두 타 버리기 때문에 우리가 발견하는 대부분의 운석은 10m 이상의 크기를 가지고 있어.

꽤 많이 떨어진다!

2013년, 러시아에는 불이 붙은 작은 운석 조각들이 무더기로 쏟아지는 운석우가 내렸어. 이 사건으로 인해 건물이 부서지고 400여 명이 다치고 말았지. 사람들은 이런 피해를 막기 위해 지구에 접근하는 소행성의 경로를 예측하는 연구를 진행하고 있어.

우리나라 최초의 운석

우리나라 최초의 운석은 1924년 전라남도 운곡에 떨어진 운석으로, 지역 이름을 따 운곡 운석이라는 이름이 붙었어.

※ 출처 : 한국 중도 일보
※ 본 내용은 우리나라에 맞춰 수정되었습니다.

황당한 장소 4 — 가 보면 깜짝! 나우루 공화국

풍족했던 생활이 순식간에?!

옛날엔 좋았지….

호주 북동쪽 태평양에 떠 있는 나우루섬은 매우 작지만 이 섬에 있는 나우루 공화국은 일찍이 세계에서 가장 부유한 나라 중 하나였어.

그 이유는 배터리를 만드는 데 중요한 재료인 '인광석'이라는 광물이 많기 때문이야. 수만 년 동안 쌓인 새똥이 산호층과 섞이면 인광석이 돼. 그런데 인광석을 너무 많이 채취하는 바람에 금세 바닥나고 말았어. 인광석 수출에만 의존했던 나우루 공화국의 돈은 순식간에 사라지고 사람들은 더 이상 풍족한 생활을 이어 갈 수 없었어. 게다가 사치스러운 생활을 한 결과, 국민의 70%가 비만 상태가 돼 버렸지. 현재 비만 때문에 생긴 당뇨병으로 고생하는 나우루 공화국의 사람도 많아.

베네치아

아름다운 물의 도시였지만…

이탈리아 북부에 있는 베네치아는 물의 도시로 잘 알려진 곳이야. 사람들은 자동차 대신 주로 배를 타고 이동해. 아름답고 독특한 풍경 덕분에 소설이나 영화의 배경으로 자주 등장하지.

그런데 얼마 전부터 베네치아는 나라의 관광 자원인 물로 인해 어려움에 처했어. 지하수를 퍼 올려 도시의 지반이 낮아지는 바람에 비가 오는 날, 바다의 수위가 높아지면 바닷물이 도시를 뒤덮어 범람하는 일이 생기게 된 거야.

이대로 지구 온난화가 진행되어 해수면이 높아지면 도시가 통째로 잠길 수도 있어. 그래서 이탈리아 정부는 베네치아가 물에 잠기는 걸 막기 위해 급히 차단 벽 공사를 진행하고 있어.

황당한 장소 4
가 보면 깜짝!

지옥의 문

마치 지옥으로 가는 입구 같아!

중앙아시아의 투르크메니스탄에는 '달바자'라는 마을이 있어. 유목민이 사는 아주 작은 마을이지.
그 부근 지하에는 많은 천연가스가 매장되어 있어서 자원을 발굴하기 위해 당시 소련의 학자들이 그곳을 방문하여 조사했어. 1971년, 천연가스를 발견하는 데 성공했지만 파 놓은 땅이 폭삭 내려앉으면서 커다란 구멍이 뚫리고 말았어. 이 구멍에서 발생하는 메탄가스 때문에 주변의 사람들과 동물들의 생명이 위험했어.
과학자들은 고민 끝에 메탄가스에 불을 붙여 태워 버리려고 했지만, 50년이 지난 현재까지도 불은 꺼지지 않고 타오르고 있어. 사람들은 이 구멍을 '지옥의 문'이라고 해.

놀라운 우주

5

지구에 대해 알려면
지구 밖 세상을 알 필요가 있지!
드넓은 우주로 날아가 보자!

놀라운 우주

지금까지는 나에 대한 이야기를 했지만, 이번엔 우주를 탐험할 거야. 우주의 스케일은 그야말로 어마어마해.

지구의 최후는 어쩌면 비참할지도…?

인간에게 수명이 있듯 지구도 수명이 있어. 지구의 마지막은 거대한 태양에 잡아먹힐지도 몰라.

158쪽

우주에서는 근육 트레이닝이 필요해!

중력이 없는 우주 공간에서는 근육과 뼈가 약해져. 그래서 매일 2시간 정도 꼭 운동을 해야 해.

164쪽

사고로 달이 생겼다고?

먼 옛날, 지구가 막 태어났을 무렵에 커다란 행성과 부딪쳤어. 그 바람에 달이 생긴 거래.

166쪽

달의 낮은 아주아주 캄캄해!

화창한 낮이라고 하면 파란 하늘을 떠올리겠지? 하지만 달은 낮에도 하늘이 캄캄해.

174쪽

우주 쓰레기는 너무 위험해!

지구뿐만 아니라 우주에서도 쓰레기는 심각한 문제야. 아주 작은 크기의 쓰레기도 인공위성과 부딪히면 큰일 나거든.

184쪽

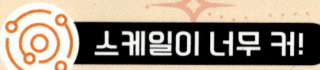
스케일이 너무 커!

지구가 태양에

태양은 노화 현상으로 점점 부풀어 오른다

'달도 차면 기운다'는 말이 있듯 모든 것에는 수명이 있는데 지구도 마찬가지야. 지구의 수명을 생각하기 전에 우선 태양의 수명에 대해 생각해 볼까? 태양처럼 스스로 빛을 내서 빛나는 '항성'은 빛을 내는 방법으로 수명을 계산할 수 있어. 계산에 따르면 태양의 수명은 앞으로 50~70억 년 정도야. 그 무렵에는 지금 불타고 있는 수소가 다

삼켜진다?

5 놀라운 우주

별도 나이를 먹는다

별도 가지고 있는 에너지를 다 쓰면 붉어지면서 거대해져. 본래 크기의 100배까지 팽창한다고 해. 이러한 별을 '적색 거성'이라고 해. 다시 점점 크기가 줄어드는 단계를 '백색 왜성'이라고 하는데 항성의 마지막 단계야.

ⓒ ALMA (ESO/NAOJ/NRAO) / E. O'Gorman/ P. Kervella

▲태양의 약 1,400배 정도의 크기로 부풀어 오른 오리온자리의 일등성 베텔기우스(적색 초거성).

바닥날 거야. 이후, 태양은 점점 부풀어 수성, 금성, 지구를 집어삼킬 만큼 거대해질 거야. 아마 지구의 최후가 되겠지. 그때까지 인류가 멸망하지 않고 존재할 수 있는지는 아무도 알 수 없어. 게다가 거대해진 태양이 지구와 가까워지면 지구의 바닷물은 증발하고 땅은 불타 버려서 지구에는 생명이 절대 살 수 없을 거라고 해.

지구의 혼잣말
@earth_talk to myself

나도 남은 시간이 많지 않구나. 우주에서 사라지는 건 싫은데…. 하루하루를 소중히 여겨야지!

전달 749   오래살고싶어 ♡ 820

비행기로는 우주에

비행기가 비행하는 높이보다
10배 더 높아야 겨우 '우주'가 된다

하늘을 올려다보며 '어디부터가 우주일까?' 생각해 본 적 있어? 사실 하늘과 우주의 뚜렷한 경계는 없어.

일반적으로 고도 약 100km 너머를 '우주'로 여기는 경우가 많아. 지구를 둘러싼 대기가 거의 사라지는 곳이 이 부근이기 때문이야. 하지만 대기는 어느 지점에서 갑자기 사라지는 게 아니라 고도가 높아질수록 점점 얇아져.

지상에서 보기엔 비행기가 하늘 높이 뜬 것처럼 보이지만, 정작 비행기

절대 갈 수 없다!

5 — 놀라운 우주

가 나는 것은 지상 10km 이내야. 고도가 높아질수록 대기가 얇어져서 비행기가 날 때 공기 저항은 줄어들어. 하지만 비행기가 하늘을 날기 위해서는 공기를 압축해서 연소시켜야 해. 때문에 이 고도가 비행하기에 딱 적당한 거지. 스페이스 셔틀이나 국제 우주 정거장(ISS)은 지구 상공 400km 정도 지점에 위치해 있어.

▲스페이스 셔틀에서 본 국제 우주 정거장.

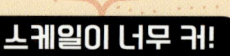

인간은 열심히 외계인을 찾고 있다!

언젠가 외계인을 만날 거라고 믿는다?

'외계인'이라고 하면 만화나 영화 속에서만 만날 수 있는 상상의 존재처럼 느껴지지만 인류는 외계인을 찾기 위해 우주를 탐험하고 있어. 연구를 통해 인류는 태양계에 인간과 같은 문명을 가진 생명체는 없다는 사실을 알게 됐어. 하지만 많은 과학자가 외계인은 어딘가에 존재할 거라고 믿고 있어.

1960년대에는 전파 망원경을 이용해 우주로부터 오는 전파를 받으려고 시도했으며, 지구에서 외계인을 향한 메시지를 보내기도 했어. 1977년에 쏘아 올린 우주 탐사선, 보이저 1호에는 지구인의 다양한 정보를 기록한 레코드가 실려 있어. 보이저 1호는 지금도 우주를 항해하며 지구와 교신하고 있어.

언젠가 외계인이 레코드를 해독해서 지구인과 만날 날이 올지도 몰라.

NASA가 만든 '골든 레코드'

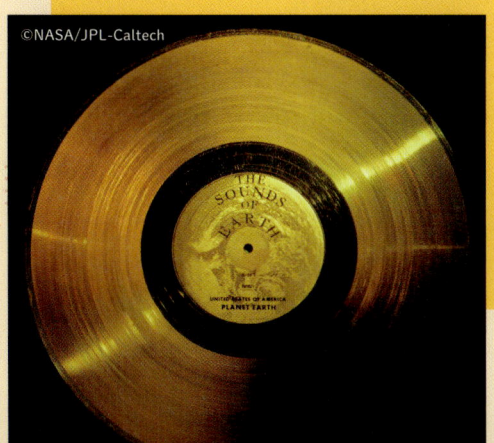
©NASA/JPL-Caltech

보이저에 실어 보낸 골든 레코드에는 지구의 위치를 표시한 지도, 지구와 인간의 모습을 알 수 있는 사진, 음악과 다양한 언어로 된 인사 등이 수록되어 있어.

◀ 약 30cm 구리 디스크 표면에 금박을 입혀 골든 레코드라는 이름이 붙었다.

스케일이 너무 커!

우주에서는 매일매일 운동을 해야 한다?

뼈나 근육은 사용하지 않으면 눈 깜짝할 사이에 약해진다

우주인이 우주선 안을 헤엄치듯 이동하는 영상을 본 적 있을 거야. 우주는 무중력 상태이기 때문에 물체를 지면으로 끌어당기는 힘이 작용하지 않아.

하지만 지구에는 지구가 물체를 끌어당기는 '중력'이라는 힘이 있어. 사람은 지구에서 무의식적으로 몸을 지탱하기 위해 근육과 뼈에 힘을 주어 움직이지만, 무중력 상태가 되면 그럴 필요가 없지. 중력이 없다면 아주 작은 움직임으로도 지구에서보다 더 쉽게 움직일 수 있어. 그럼 근육은 점점 빠지고 뼈도 약해지고 말아.

그래서 우주 정거장에서 머무는 우주인들은 의무적으로 하루 2시간씩 운동해야 돼. 몸을 고무 밴드로 고정하고 달리는 등 중력이 있을 때와 같은 조건으로 운동할 수 있는 기계가 설치되어 있어.

"2시간 운동하는 건 힘들어!!"

• 무중력 상태가 끼치는 영향 •

무중력 공간에서는 하체의 혈액이 상체에 모이기 때문에 얼굴이 붓곤 해. 또한 자세한 원인은 알 수 없지만 구토와 나른함 등의 증상이 발생하는 '우주 멀미'를 경험하는 사람도 있어.

◀지구에 있을 때의 모습(왼쪽)과 우주에 있을 때의 모습(오른쪽)비교.

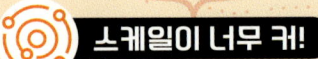 스케일이 너무 커!

지구가 깨지는 바람에 달이 태어났다?

아얏!

충돌 주의

지구의 혼잣말
@earth_talk to myself

전달 173 쾅 ♡ 631

갑자기 부딪히는 바람에 얼마나 놀랐는지 몰라. 엄청 아팠다고. 달이 좋긴 하지만 그런 경험은 두 번 다시 하고 싶지 않아.

쾅! 부딪혔는데 달이 뽕! 생겼다

달은 지구에서 가장 가까운 천체로, 지구의 주변을 돌아.

달이 탄생한 이유로는 여러 가지 가설이 있어. 그중에서 가장 유력한 가설은 '거대 충돌설'이야. 지구가 막 태어났을 무렵, 화성과 비슷한 크기(지구 지름의 절반 정도)의 미행성이 지구에 충돌하여 달이 생겼다는 가설이지. 미행성과 지구가 부딪칠 때 지구의 일부가 깨져 우주 공간으로 튀어 나갔고, 우주에 떠다니던 암석 일부가 지구의 파편과 뭉쳐져 달이 됐다고 해.

달의 암석을 분석한 결과, 지구와 유사한 성분과 지구에는 없는 성분이 함유되어 있어서 거대 충돌설의 근거를 뒷받침하고 있어. 이 가설은 컴퓨터 시뮬레이션을 통해 재현됐는데, 달이 만들어지는 데 채 100년이 걸리지 않았다고 해.

이외의 가설들

포획?

분리?

지구가 다른 행성이 갖고 있던 위성을 포획했다는 '포획설', 지구가 생길 때 같이 만들어졌다는 '쌍둥이설', 달이 지구로부터 분리돼서 떨어져 나갔다는 '분리설' 등이 있어.

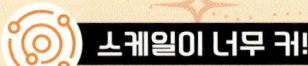 스케일이 너무 커!

지구는 서서히 멀어지고 있다!

전에는 가까웠는데.

어~이

 **지구의 혼잣말**
@earth_talk to myself

전달 186　　가지마 ♥274

듣고 보니 정말 달이 나한테서 꽤 멀어진 것 같아. 아직은 잘 보이니까 괜찮지만, 더 멀어져서 보이지 않는다면 너무 쓸쓸할 거야.

서로 끌어당기는 달과 지구의 힘이 서로를 멀어지게 한다

영국의 물리학자인 뉴턴은 사과나무에서 사과가 떨어지는 것을 보고 질량을 가진 모든 물체가 서로를 잡아당기는 힘인 '만유 인력'이 작용한다는 사실을 깨달았어.

달과 지구에도 이 만유 인력의 힘이 작용해.

바다의 밀물과 썰물도 만유 인력으로 인해 일어나는 현상이야. 현재 달은 매년 지구로부터 약 3.8cm씩 멀어지고 있어. 달과 지구의 거리가 가까울수록 하루는 짧아지며, 멀어질수록 길어져. 달이 멀어지면 인력도 작아지기 때문이야. 게다가 지구를 잡아당기는 힘이 감소하니까 지구의 회전 속도도 느려져.

이렇게 보면 달은 지구에 참 많은 영향을 주고 있어.

먼 옛날, 달은 훨씬 거대하게 보였다?

달과 지구가 생긴 후 서로를 끌어당기는 현상은 몇억 년이나 이어져 왔어. 지금 달과 지구의 거리는 약 38만km 떨어져 있어. 하지만 25억 년 전에는 달과 지구가 지금보다 약 6만km 더 가까웠어. 하루의 길이도 24시간이 아닌, 약 17시간 정도였다고 해.

◀원시 지구의 이미지.

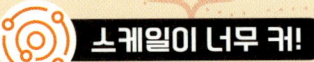 스케일이 너무 커!

달에서는 음료수가 엄청나게 비싸다?

지구의 혼잣말
@earth_talk to myself

전달 250   떠나지마 ♡579

나도 살기 좋은 곳인데 다른 곳에 가서 살 생각을 하는 거야? 흥, 서운해. 만약 나를 떠나더라도 몇몇 사람은 남아 주었으면 좋겠어.

한 모금에 몇천만 원 하는 미네랄워터

인류가 달에 착륙한 지 수십 년이 됐어. 그리고 달에서 살기 위해 꾸준히 연구해 왔어. 달에는 대기가 없어서 태양의 방사선이 직접 쏟아지고, 낮과 밤의 온도 차가 200℃를 넘는, 환경이 혹독한 곳이야.

이러한 문제를 해결한다고 해도, 더 큰 문제는 생활에 필요한 물건을 옮기는 데 드는 돈이야. 산 정상이나 외딴 섬에서 파는 음료수는 훨씬 더 비싸. 그 이유는 물건을 멀리 나르는 데 돈이 많이 들기 때문이야. 현재의 기술로 달에 1kg의 물건을 보내려면 약 10억 원이 들어.

달에서는 아직 액체 상태의 물은 발견하지 못했기 때문에 지구에서 마실 물을 가져오는 수밖에 없어. 지구에서 생수는 단 돈 몇백 원에 살 수 있지만, 달에서는 생수를 몇십만 원 주고 사야 하는 거야. 아무리 돈이 많은 백만장자라도 달로 이사해서 생활하는 건 어려울 거야.

달에 대한 연구는 계속된다

해결해야 할 어려운 문제는 많지만 달을 탐사하는 일은 지금도 계속 진행되고 있어. 미국의 NASA는 '아르테미스 계획'이라는 이름으로 2028년에 달에 사람이 생활할 수 있는 기지를 건설하는 걸 목표로 하고 있어.

◀아르테미스 계획에서 사용될 우주선, '오리온'.

ⓒNASA

스케일이 너무 커!

지구의 1년은 365일, 달의 1년은 12일이다?

달의 하루는 얼마나 될까?

지구는 북극과 남극 꼭대기를 잇는 '자전축'을 중심으로 회전해. 인간은 그 한 바퀴에 해당되는 24시간을 하루로 개념하지. 지구 이외의 행성도 자전을 하는 건 마찬가지이지만, 그 속도는 제각각이야.

지구와 가까운 달은 자전하는 데 27.32일, 약 한 달이 걸려. 따라서 달의 하루는 지구의 한 달과 같지. 그래서 달의 1년은 12일이야. 지구에서의 여름 방학이 한 달이라면, 달에서의 여름 방학은 하루밖에 안 되는 거야.

태양계의 행성 중 자전 속도가 가장 빠른 건 목성이야.

약 10시간에 한 바퀴를 돌지. 눈 깜짝할 사이에 하루가 지나는 거야. 반대로 자전 속도가 느린 행성은 금성으로 하루가 무려 243일이야. 금성의 하루는 너무 길어서 지칠 것 같아.

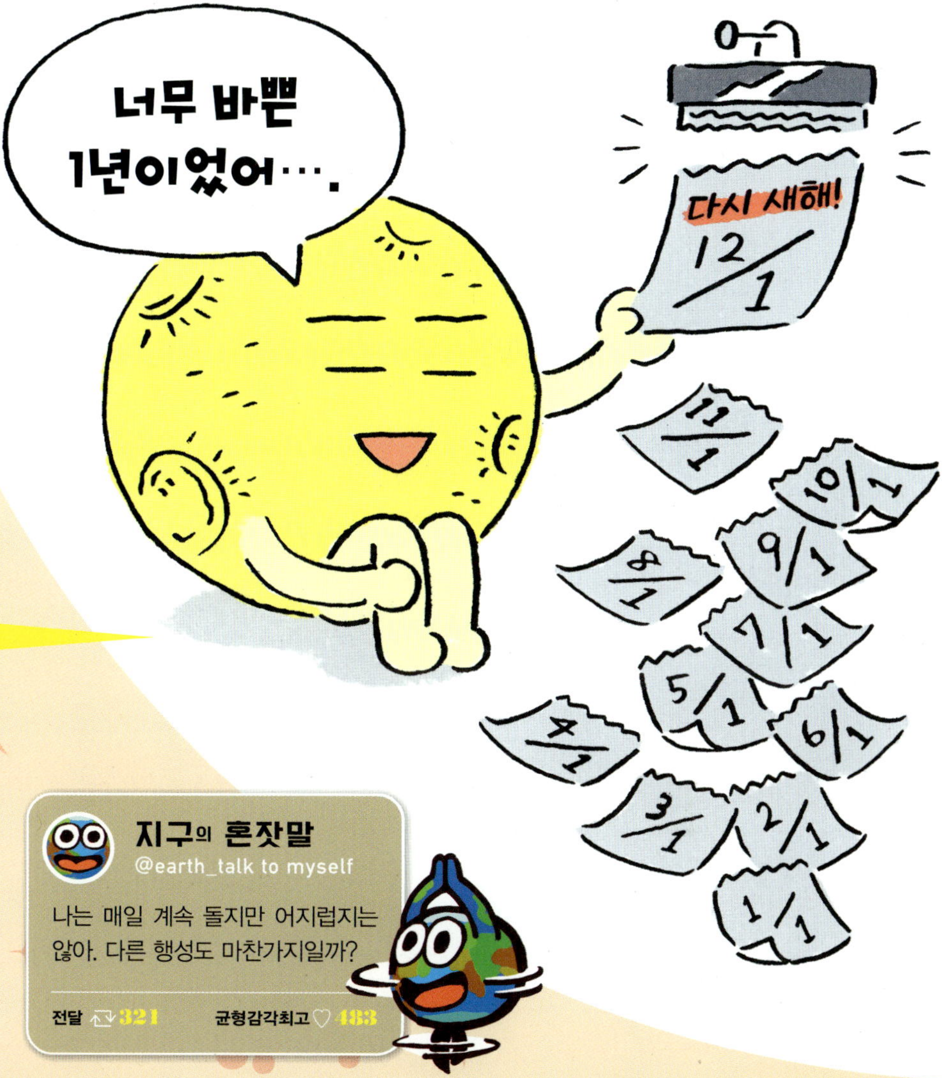
너무 바쁜 1년이었어….
다시 새해!
12/1
11/1
10/1
9/1
8/1
7/1
6/1
5/1
4/1
3/1
2/1
1/1

지구의 혼잣말
@earth_talk to myself

나는 매일 계속 돌지만 어지럽지는 않아. 다른 행성도 마찬가지일까?

전달 321 균형감각최고 ♡ 483

태양계의 중심, 태양도 자전한다

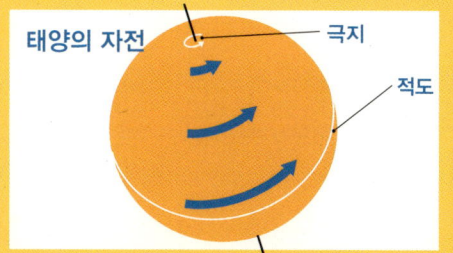

태양의 자전
극지
적도

암석으로 이루어진 지구와 달리 태양은 기체인 가스로 이루어져 있어. 그래서 장소에 따라 자전 주기가 달라. 한 바퀴 자전하는 데 적도 지방은 약 25일, 극지 지방은 약 30일이 소요돼. 이러한 현상을 '차등 자전' 현상이라고 해.

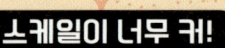 스케일이 너무 커!

지구의 낮은 밝지만 달의 낮은 캄캄하다!

눈에 보이지 않는 '대기'는 정말 대단하다

지구에서 하늘이 파랗게 보이는 건 태양 빛 속의 푸른빛이 공기에 부딪쳐 우리 눈에 파랗게 보이기 때문이야. 햇빛은 아무 색 없이 투명한 것 같지만, 사실 여러 가지 빛깔이 모두 들어 있어. 빛이 공기와 부딪히면 반사하고 흩어지게 돼. 이렇게 빛이 다른 물체와 부딪쳐 흩어지는 것을 '빛의 산란'이라고 해. 그런데 특히 파란색이 다른 빛보다 더 많이 산란해서 하늘이 파랗게 보이는 거야.

하지만 달에는 대기가 없어. 그래서 태양 빛이 흩어지지 않기 때문에 달은 밤에도 낮에도 캄캄해. 대기는 태양에서 쏟아지는 열을 막아 주

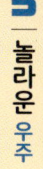

5 놀라운 우주

지구의 혼잣말
@earth_talk to myself

한낮에도 캄캄하다니, 완전 신기하다. 극심한 온도 차이가 있는 달에서 사는 달나라 토끼는 정말 대단한 거구나.

전달 568   대단해 ♡ 862

고, 밤에는 열기가 달아나지 않도록 잡아 두는 역할을 해. 달에는 이런 방어막이 없기 때문에 낮에는 태양의 열을 직접 받아 110℃까지 온도가 오르고, 밤에는 열기가 빠져나가 영하 170℃까지 온도가 떨어져. 달의 하루는 지구의 약 한 달이라 극한의 낮과 밤이 2주씩 되풀이 되는 거야.

달에서는 언제나 별을 볼 수 있다

달에서는 낮에도 별을 볼 수 있어. 달뿐만 아니라 대기가 없는 곳이라면 밤과 낮 상관없이 별을 볼 수 있지. 왜냐하면 달에는 햇빛을 산란시킬 대기가 없어서 낮에도 하늘이 캄캄하기 때문이야.

©NASA

▲ 달에서 선명하게 보이는 지구의 모습.

스케일이 너무 커!

지구에서는 달의 뒷면을 볼 수 없다!

보지 마!

지구의 혼잣말
@earth_talk to myself

전달 437   거짓말하지마 ♡ 695

달에는 토끼가 살고 있지 않다며? 인간들이 토끼가 있다고 하길래 믿었는데! 뭐? 이번에는 악어가 살고 있다고? 거짓말! 이제 절대 안 속아!

지구에게는 절대 뒷모습을 보여 주지 않는 달

망원경으로 달을 관찰하면 늘 같은 곳만 보여.

달은 약 27일에 걸쳐 자전하는데 사실 이건 지구 주위를 한 바퀴 도는 '공전' 속도와 일치해. 그래서 지구에서 달을 보면 늘 같은 면을 볼 수밖에 없어. 달의 한쪽 면이 지구를 향해 있는 채로 지구 주변을 한 바퀴 돌기 때문이야.

그래서 몇백 년 전, 우리 조상이 바라보던 달과 지금 우리가 바라보는 달은 같은 모습이지.

1959년, 소련의 달 탐사선 루나 3호가 달 뒷면의 사진을 최초로 찍었어. 인간은 고대부터 달을 바라봤지만 그 뒷면을 보게 된 건 얼마 되지 않았어.

다른 나라에서는 '달나라 토끼'가 아니다?

ⓒNASA/Bill Ingalls

우리나라에서는 달의 무늬를 보고 '절구질하는 토끼' 같다고 해. 하지만 같은 모양이라도 인도에서는 '악어', 중동에서는 '사자', 미국에서는 '머리카락이 긴 여성' 등으로 표현하고 있어.

◀달의 무늬를 악어에 비유했다.

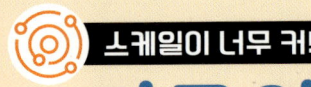

스케일이 너무 커!

지구와 태양은 다이어트 중이다?

큰일이다! 몸무게가 쑥쑥 빠지고 있다!

태양은 늘 '태양풍'을 우주 공간으로 뿜어내고 있어. 하지만 우리가 생각하는 그런 바람이 아닌, 전기와 자기를 띤 가스야.

태양풍의 속도는 무척 빨라. 서울에서 부산까지 1초 만에 갈 수 있는 속도지.

태양은 탄생한 이후 내내 1초에 100만 톤이나 되는 태양풍을 뿜어내고 있어. 때때로 100억 톤의 가스를 내뿜으며 폭발도 일으켜. 매년 30조 톤의 가스를 쏟아 내고 있지. 하지만 태양이 사라질까 봐 걱정하지 않아도 돼. 태양의 무게는 쏟아 내는 가스보다 70조 배나 무거우니까.

태양의 수명이 앞으로 50~70억 년이라고 하니, 그 전에 태양풍을 너무 많이 뿜어내 태양이 사라질 일은 없을 거야.

할 수 있다
1초에 100톤

뺄 수 있다!

지구의 혼잣말
@earth_talk to myself

태양은 정말 어마어마하게 크고 무겁구나. 태양에 비하면 난 아직 작고 여린 존재야.

전달 ⚡ 138   응애 ♡ 761

• 우주의 선물, 오로라 •

지구 주변에는 자기장으로 된 방어막이 있어서 태양풍이 직접 불어닥치진 않지만 남극과 북극의 자기극에 이끌려 극지방에 모여. 오로라는 태양풍이 대기와 충돌하며 다양한 색깔의 빛이 여러 가지 형태로 하늘에 나타나는 자연현상이야.

◀ 캐나다 옐로나이프의 오로라.

 스케일이 너무 커!

태양과 비슷한 별이 2,000억 개나 있다?

그래도 역시 태양은 소중해!

인간은 태양으로부터 빛과 열에너지를 받아 생활하고 있어. 그렇기 때문에 먼 옛날부터 인류는 태양을 신으로 받들었어.

태양은 우리에게 특별하지만, 사실 우주에서는 너무나 흔한 별이야.

태양을 중심으로 한 '태양계'는 수많은 항성 등이 모인 '은하계'의 한 부분이야. 그리고 이 은하계에는 태양처럼 스스로 빛나는

은하수는 은하계의 중심

은하수는 은하계의 별들이야. 은하계는 가운데가 부푼 원반 모양을 하고 있어. 태양계는 은하계 끝 쪽에 있다 보니 많은 별이 모인 부분이 마치 강처럼 보이는 거야.

'항성'이 2,000억 개나 되지. 게다가 드넓은 우주에는 은하계와 같은 별 소용돌이가 수천 억 개나 있다고 해.

인류가 발견하지 못했을 뿐, 우주 어딘가에 또 다른 태양과 지구가 있고, 인간과 비슷한 생명이 살아갈지도 몰라.

어때, 궁금하지 않아?

이를 밝히기 위해 여러 기관에서 열심히 조사, 연구하고 있으니 그 비밀이 곧 밝혀질지도 몰라!

스케일이 너무 커!

지구의 저녁노을은 붉고, 화성의 저녁노을은 파랗다?

화성에서 파란 하늘을 본다면 집으로 돌아갈 시간이 됐다는 뜻!

지구에서 낮의 하늘은 파란색, 저녁노을은 붉은색이야.

평소 하늘이 파랗게 보이는 이유는, 여러 색이 섞여 있는 태양 빛이 대기와 부딪쳐 하늘 가득 흩어지는데 특히 파란빛은 더 쉽게 흩어지기 때문이야.

저녁이 되면 지구와 태양의 거리가 멀어지고 지상에 빛이 닿기까지의 거리도 길어지지. 그래서 파란빛은 이미 다 흩어져 버리고 흩어지는 속도가 느린 붉은빛이 남아 저녁 시간의 하늘이 붉은 거야.

지구의 혼잣말
@earth_talk to myself

시시각각 색이 달라지는 하늘을 보면 엄청 재미있어.

전달 ⇌ 472   두근두근 ♡ 837

5 놀라운 우주

하지만 화성에서는 늘 강한 바람이 불어 모래 먼지가 폭풍처럼 휘몰아쳐. 모래 알갱이는 붉은빛을 흩어지게 하는 성질이 있어서 낮의 화성은 붉게 보이는 거야. 태양이 낮아지는 저녁 시간에는 붉은 빛은 모두 흩어져 보이지 않고 파란빛만 남아 화성의 저녁노을이 파란 거지.

대기가 없다면 매일 캄캄하다

하늘이 시간마다 다른 색으로 보이는 건 모두 태양과 대기 때문이야. 대기가 거의 없는 수성이나 대기가 전혀 없는 달에서는 낮에도 밤에도 하늘이 늘 어두컴컴해서 항상 별을 볼 수 있어.

▲시간과 상관없이 늘 캄캄한 달의 하늘.

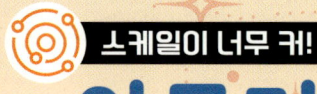 스케일이 너무 커!

아무리 작아도 우주 쓰레기는 위험하다!

우주가 넓다고 아무거나 버려도 되는 건 아니야!

인간은 우주에 있는 인공위성으로부터 위치나 날씨의 정보 등을 얻을 수 있어. 그런데 인공위성과 우주 쓰레기가 부딪히면 큰일 나.

우주에는 수명을 다한 탐사선이나 고장 난 인공위성, 로켓에서 떨어져 나간 일부분 등이 수없이 떠다니는데 이것을 '스페이스 데브리(우주 쓰레기)'라고 해. 우주의 쓰레기를 조사한 결과 크기 10cm 이상인 물체가 약 2만 개, 크기 1mm 이상인 것까지 따지면 무려 1억 개가 넘는다고 해. 스페이스 데브리는 엄청난 속도로 지구 주위를 돌고 있는데 실제로 인공위성과 충돌하는 사고도 일어나곤 하지.

이러한 사고가 일어나지 않도록 세계 각국에서는 위성이 자주 다니는 궤도의 쓰레기를 치우고 애초에 쓰레기가 생기지 않도록 하는 연구를 하고 있어.

미래의 스페이스 데브리

NASA의 한 과학자는 스페이스 데브리가 이렇게 점점 늘어나다 보면 그 수가 한 계점을 넘고, 데브리끼리 충돌하고 그 파편이 다른 데브리와 충돌해 끊이지 않는 폭발이 일어날 거라고 주장했어. 이러한 주장은 과학 소설이나 영화의 소재가 되기도 했지. 아직까지는 데브리의 수가 위험할 정도로 많지는 않지만, 과학자가 주장한 미래가 곧 찾아올지도 몰라.

※ 본 내용은 우리나라에 맞춰 수정되었습니다.

황당한 장소 5

가 보면 깜짝!

그룸 호수 공군기지

UFO 팬이라면 참을 수 없지!

'미군은 이미 UFO를 발견했고, 비밀스러운 곳에서 그에 대한 연구를 하고 있다'는 소문이 미스터리한 현상을 좋아하는 사람들 사이에 퍼졌어.

그 비밀스러운 곳이 바로 네바다주에 있는 그룸 호수 미 공군 기지야.

사람들에게는 '51구역'으로 더 잘 알려져 있지. 이곳은 출입하는 것은 물론, 사진 촬영도 금지되어 있고 비행하는 항공기도 이 구역만은 비켜 지나간다고 해. 게다가 미국 정부가 작성한 지도에는 이곳이 표기되어 있지 않아.

사람들 사이에서는 지구에 추락한 UFO 잔해를 보관 중이거나 외계인과 공동 연구가 진행 중이라는 음모론이 아직도 끊이질 않고 있어.

명왕성

1930년, 태양계의 9번째 행성으로 발견된 명왕성은 우리가 살고 있는 지구에서 50억km 떨어진 곳에 있어.
예전에는 '수, 금, 지, 화, 목, 토, 천, 해, 명' 순서로 태양계의 행성을 외웠었지. 그런데 일부 과학자들이 명왕성을 행성에서 빼야 한다고 주장했어. 처음에는 지구와 비슷한 크기인 줄 알았는데 알고 보니 달보다 조금 더 크지 뭐야?
게다가 명왕성 주위에 명왕성과 같은 크기의 별이 많이 발견되었어. 그래서 2006년, 국제 회의 결과 명왕성은 태양계의 행성이 아닌 '준행성'으로 분류되었어.

얼마 전까지만 해도 친구였는데!

황당한 장소 5 - 가 보면 깜짝!

목성

태양계에서 제일 크지만…

목성은 태양계에서 가장 큰 행성이야. 그 지름이 지구의 11배나 될 만큼 거대해. 이렇게 큰 행성에 '언젠가 인간이 살 수 있지 않을까?' 하고 생각할 테지만 그건 어려워.

목성에는 항상 거친 폭풍이 불어서 로켓은 산산조각 날 테고, 땅이 모두 가스로 되어 있어서 착륙도 불가능해. 그리고 만약 가스를 뚫고 착륙한다고 해도 중심부의 고온과 압력에 견딜 수 있는 우주선은 없어.

그래서 우리가 살고 있는 지구나 화성 같은 행성은 암석으로 이루어져 있기 때문에 '암석 행성'이라 하고, 목성이나 토성 같은 행성은 가스로 이루어져 있기 때문에 '가스 행성'이라고 해.

일본 시리즈 누계 120만부 돌파!! 초베스트 과학도감 학습만화!!

최강 동물들의 박진감 넘치는 배틀! 제11탄!!

검둥수리 VS 독수리!!

강력한 힘과 스피드가 무기인 검둥수리 군단과
몸집이 크고 공격적인 독수리 군단의 승부!!
흥미진진한 만화와 함께 동물들의
백과사전으로 보는 상세한 정보까지 가득!!

1권 라이온 VS 호랑이

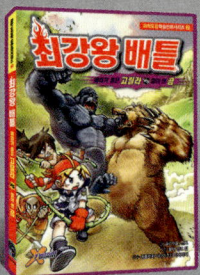
2권 고릴라 VS 곰

3권 상어 VS 황새치

4권 코끼리 VS 코뿔소

5권 뱀 VS 악어

6권 장수풍뎅이 VS 사슴벌레

7권 고래 VS 대왕오징어

8권 늑대 VS 하이에나

9권 코브라 VS 방울뱀

10권 사마귀 VS 전갈

머리에 쏙쏙~ 과학이 즐거워진다!! 과학학습만화 시리즈!

고대 지구로 타임 워프?! 전혀 본 적 없는 생물들 그리고 공룡을 만나자!!

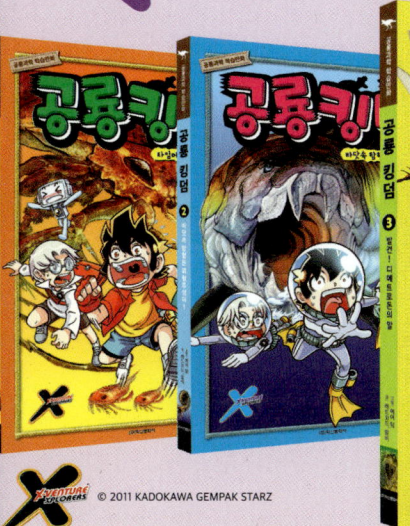

공룡과학 학습만화

공룡 킹덤 1~3

지구가 처음 생겼을 때는
어떤 생물들이 살고 있었을까?
타임머신을 타고 삼엽충과
카메로케라스 등이 있는
고생대를 대모험해 보자!!

© 2011 KADOKAWA GEMPAK STARZ

신기한 수수께끼가 가득한 공상과학학교에 어서 오세요!

초등 과학만화 시리즈

공상과학연구소 1~4

과학 소년 강태오가
과학을 초월한
엄청난 개성을 가진 친구들과
우당탕탕 좌충우돌
학교생활을 시작한다!

절찬 판매 중!

© KADOKAWA CORPORATION 2017,2018

(주) 학산문화사 발행　　※가까운 서점 및 마트, 인터넷 서점에 있습니다.　　※문의: 02)828-8962

편저 지구 신비 관측실

지구에 관한 신비로운 내용을 조사, 연구하는 일본의 한 단체이다. 전 세계 여기저기에서 일어나는 현상에 대해 다양한 관점에서 과학적으로 살펴보고 생각한다. 흔하게 굴러다니는 돌멩이부터 생명의 기원, 우주의 탄생까지 폭넓게 연구한다. 언젠가 달에 지부를 만들어 지구를 관측하는 것이 목표이다.

 일러스트
카와사키 사토시
쿠니모토 유카리
사카우에 아키히토
스즈키 이츠코
이자와 카나

 본문 디자인 무라구치 케이타(Linon)

 편집·집필협력 오피스 303
아베 유우카

세계 제일 별난 지구과학사전

2023년 11월 20일 초판 인쇄
2023년 11월 30일 초판 발행

- **발행인** | 정동훈
- **편집인** | 여영아
- **편집** | 김지현, 김학림, 김상범, 변지현
- **디자인** | 김지수
- **제작** | 김종훈
- **발행처** | (주)학산문화사
- **등록** | 1995년 7월 1일 제3-632호
- **주소** | 서울시 동작구 상도로 282
- **전화** | (편집)828-8823, 8826 (주문)828-8962
- **팩스** | 823-5109

http://www.haksanpub.co.kr

Original Japanese title: SEKAIICHI TOHOHO NA CHIKYU KAGAKU JITEN
Copyright © 2021 office 303
Original Japanese edition published by Seito-sha Co., Ltd.
Korean translation rights arranged with Seito-sha Co., Ltd.
through The English Agency (Japan) Ltd.

ISBN 979-11-411-1090-1
ISBN 979-11-348-9062-9(세트)